U0644794

这里，有一群胆大包天的人

改变了历史！

铲史官

改革的水太深，
我们画给你看

千年维新

从周公到光绪

铲史官
著

人民东方出版传媒
東方出版社

图书在版编目(CIP)数据

千年维新:从周公到光绪 / 铲史官 著 .— 北京:东方出版社,2019.2
ISBN 978-7-5207-0657-5

Ⅰ.①千… Ⅱ.①铲… Ⅲ.①中国历史—改革—大事记—通俗读物 Ⅳ.① K209

中国版本图书馆 CIP 数据核字(2018)第 252876 号

千年维新:从周公到光绪
(QIANNIAN WEIXIN:CONG ZHOUGONG DAO GUANGXU)

作　　者:铲史官
策　　划:陈　卓
责任编辑:李伟楠
责任审校:曾庆全　孟昭勤
出　　版:东方出版社
发　　行:人民东方出版传媒有限公司
地　　址:北京市东城区东四十条 113 号
邮　　编:100007
印　　刷:北京楠萍印刷有限公司
版　　次:2019 年 2 月第 1 版
印　　次:2019 年 2 月第 1 次印刷
开　　本:880 毫米 ×1230 毫米　1/32
印　　张:12.875
字　　数:186 千字
书　　号:ISBN 978-7-5207-0657-5
定　　价:58.00 元
发行电话:(010)85924663　85924644　85924641

目　录

铲史官

周公

如何建立封建天下秩序

稳定天下秩序，促进中华民族形成，奠定中华文明的基因，周公算得上千古第一人。

前1043年，
五十来岁的西周开国君主
武王姬发突然病逝。
他的儿子姬诵，
还是个13岁左右的少年。
此时，西周初建，天下不稳，
谁来主政？
一时人心惶惶。

王位
（COS妇好鸮尊）
少年周成王·姬诵

这是一道送命题

商朝士兵
牧野

三年前，
武王率领几万甲士，联合各方诸侯，
与纣王临时拼凑的奴隶大军火拼于牧野。
殷商军队临阵倒戈，
纣王返回朝歌自焚，
六百年商朝宣告灭亡。

随时当人祭
横竖都是死
凭啥要为商王送命？

商王自绝于天，结怨于民，
感谢上天降天命于周。
我必将以德治国，爱民如子，
方有资格做天子，居中国，治天下。
周武王·姬发

传说中的牧野之战只用了一天时间。
武王大军开进朝歌（今河南淇县南），
开仓放粮，修葺社坛，
举行代商受命的祭天大典，
周王朝宣告建立。

立flag

如何解决商
留下来的一堆部落方国？
怎样才能安定天下？
我们会不会重蹈商的命运？……
武王泡澡图
御用搓澡石

这些问题
让人无法安心泡澡啊

胜利来得太快，
武王却陷入了焦虑之中。
解释了小小附属国造反
及新政权的理论合法性问题，
还有一堆现实的问题
需要解决。

怎样才能治理天下呢？
分封和宗法，古已有之。
Get！
你成功地避免了
再回监狱的危险。
武王
箕[jī]子

是谁在耳边，说——
分封永不变。

牧野之战后第六天，
武王继续对周边方国进行征伐，
俘虏几十万人。
武王释放了被纣王关押的箕子，
向其请教安邦治国之道。

夏商时代，部落林立，
形成以夏商为中心的部落联盟。
通过会盟大会授受仪式，
统治者承认部落方国的合法地位。
这种授受方式，
就是分封制度的起源。

既然如此，
您就做我们的大王吧。
「你瞅啥」部落
「瞅你咋地」部落
商王

朝歌
邶国
卫国
鄘国

武王先分封原有方国，以稳定秩序。
封纣王之子武庚为殷侯，
继续治理殷民。
在朝歌的周围，
设置卫、邶、鄘三个小国，
封弟弟管叔、霍叔、蔡叔于此，
号称“三监”。

首轮分封完毕，武王返回国都镐京，
孰料突然病逝。
成王年幼，宗法制尚未确立。
天下无主，地方邦国蠢蠢欲动。
这时，武王的四弟周公旦站了出来。

我来当家！辅佐成王！
这个位子我来坐了！
周公
周成王
大臣

小爱提问

啥是宗法制?

第一代为祖，第二代为宗。
顾名思义，宗法就是规定谁是宗，
也即谁是继承人的制度。

父母财产，
子女不应该都有份继承吗?

封建时代，
贵族世袭的不仅是土地财产，
还有政治权力，不能分割。
“宗法”的本质就是
根据亲属结构来规定
政治权力与财产的继承，
与封建相辅相成。

夏商时代，
除了儿子继承，还有兄终弟及。
西周建立前，
古公传位于幼子季历，
文王传位于次子姬发。
此时，
嫡长子继承制尚未确立，
周公的做法立即引来非议。

老四这是要夺侄子的王位啊！
即便是摄政，按照长幼，
也该轮到我老三才对！
文王三子·管叔鲜

碎裂的小目标

我知道现在天下人都在指责我，
但我摄政是为了防止人心分裂。
如果天下动乱，
我有何面目去见父亲和列祖列宗呢？
你说的对。
你说的全对。
召公
周公
姜太公

纣王之子武庚，觉得复仇的机会来了。
他串联东方诸侯，策反“三监”，
发动叛乱对抗中央。
此时的周公，
内忧外患，处境艰难。
他决定先争取朝中重臣的支持。

周公以成王的名义，
开始第二次东伐。
首先讨灭了参与叛乱的“三监”，
杀死管叔，流放蔡叔，贬黜霍叔。
接着讨伐武庚，
武庚战败，死在逃亡的路上。

武庚
霍叔
管叔
蔡叔
计划不通
梦想泡汤

周公
我的小目标就是
天下一统！

周公继续向东征伐，
打到了山东及其南北临近地区。
经三年苦战，
灭掉数十个东方小国，
彻底击败殷商残余势力。
这是牧野之战后，
周人的第二次重大军事胜利，
新政权得以彻底巩固。

接下来如何有效治理天下？
几年前武王面临的制度建设难题，
又一次摆在了周公的面前。
从分封开始，
周公着手进行了一系列制度改造。

打天下不易，
治天下更难。
一不小心就会变成咸鱼。

周公泡澡图

夏商时代的分封，类似武林大会，
各派虽然遵从盟主的江湖权威，
却保持相当的独立性。
夏商主要依靠强大的军事实力，
保持对各部落的威慑。
商王通过婚姻等方式，
与部落方国建立起
庞大的姓氏宗族关系，
如周方姬姓，
羌方姜姓等。

史

武王时代，
虽然分封了一些姬姓兄弟国，
但仍不能有效控制地方诸侯。
周公做了一个大胆的决定：
大规模分封王室子弟及
亲戚功臣到各地，
彻底贯彻——

“封建亲戚，以藩屏周”

大周挖沟封土图
挖沟？讲究！
大周重工

“封”的意义在划疆，
具体做法是在边境线上挖沟，
挖出来的土堆在两边。
这条沟，
既是国的疆界，也可作渠道。
土上种树，以便固土，
并起到醒目的作用。

封的下一步是建，包括三个内容：
授土、授民、授爵。
册封仪式上，
祭坛由青白红黑黄五色土组成，
象征东西南北中。
诸侯封到哪一方，就取哪一方的土，
再掺和代表中央的黄土，
用白茅包裹交到诸侯手中。
这叫“**授土**”。

北黑
西白
中黄
东青
南红
授土？
讲究！

周
燕
邢
晋
东虢
卫
鲁
齐
滕
西虢
宗周（镐京）
成周（洛邑）
宋
应
陈
南申
蒋
西周重要封国地图

文王、武王、周公的后裔，
以及姜姓亲戚们，
被分封到东部的战略要地，
主要有燕、卫、齐、鲁、晋等国。
据《荀子·儒效》记载，
周公分封71个诸侯，
其中姬姓多达53人。
诸侯再将土地分封给下面的大夫，
称为家。

动员亲属远离家乡开发边疆，
建立诸侯国，不是一件容易的事。
武王岳父姜太公，
被派往未开化的东夷地区。
80 来岁的姜太公心里堵，
慢慢悠悠地赴任。
在一家客店里，有人点醒了他。

您老睡得这么安稳，
大概是不想去齐国吧？
姜太公

尴尬.JPG

你们干啥这样盯着我
偷偷摸摸地说话呀！
别这样，
我不想复仇了啊！
老九你去盯着他们。
明白！
微子
周公
康叔

周公把武庚的土地分成两块。
朝歌封给自己的同母弟弟康叔，
国号卫；
旧都商丘封给纣王的庶兄微子，
国号宋。
殷商旧民，划分多个部族，
分散到不同国家生活。

西周发迹于富庶的渭河谷地，
定都岐山脚下的镐京。
这是一块进可攻退可守的
祖传风水宝地。
如何控制新增的广大东部地区？
周公决定继承武王的规划，
在洛邑新建一个都城，称为成周。
镐京称为宗周。

周
镐京（宗周）
洛邑（成周）

小爱提问
为啥要叫宗周？

周王通常由嫡长子继承，
代表天下的“大宗”，
所以叫宗周。
分封诸侯建立“小宗”。
作为封国内的大宗，
诸侯再分封给小宗——大夫。
小宗服从大宗，
这就是封建宗法等级秩序。
史

授民，
包括本族、殷商遗民、原住民三种。
授爵，
分为公、侯、伯、子、男五等。
分到的土地划块，人民编组。
一大块土地分成均等九块，
中间一块是公田，周边八块是私田。
农奴先耕种公田，再耕种私田。

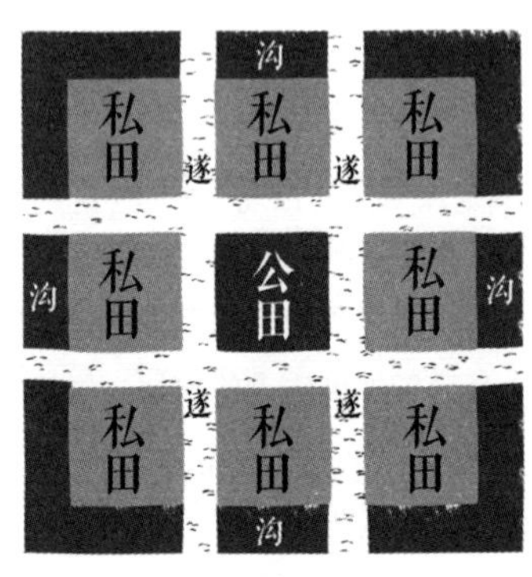
沟
私田
私田
私田
遂
遂
沟
私田
公田
私田
沟
遂
遂
私田
私田
私田
沟

井田制

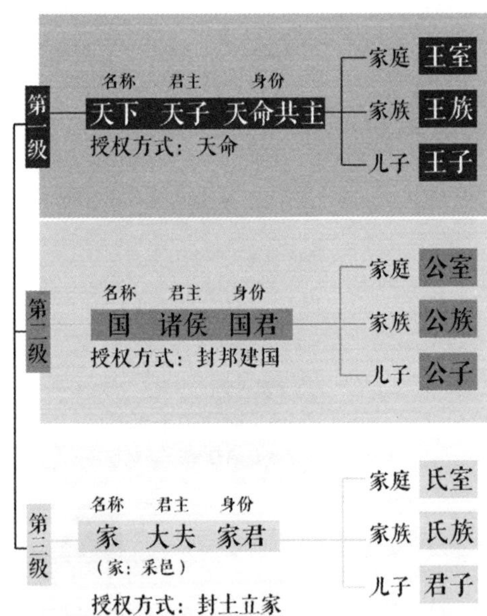
第一级
名称 君主 身份
天下 天子 天命共主
授权方式：天命
家庭 王室
家族 王族
儿子 王子
第二级
名称 君主 身份
国 诸侯 国君
授权方式：封邦建国
家庭 公室
家族 公族
儿子 公子
第三级
名称 君主 身份
家 大夫 家君
（家：采邑）
授权方式：封土立家
家庭 氏室
家族 氏族
儿子 君子

封建层级图

除了血缘关系的分封，
周王室还采取了两项制度措施，
一是在地方封国设置“监国”；
二是诸侯须定期向周王朝觐述职，
并按照爵位等级纳贡。

年底了，
把你们的宝贝儿们拿出来。
周成王

诸侯
啊！
啊！
莫慌，我是说
年终述职报告和纳贡。

周公还制定了一套礼乐制度，
严格按照等级秩序，
执行祭祀与舞乐。
人们将纲常伦理作为日常行为规范。
与井田、宗法、礼乐相配套的封建制，
是周人的制度创新，影响至今。

文化建设，
可以最大程度减少管理成本。
和谐社会，
软硬两手都得抓。

礼乐

王国维

欲观周之所以定天下，
必自其制度始矣。
周人制度之大异于商者，
一曰立子立嫡之制，
由是而生宗法及丧服之制，
并由是而有封建子弟之制、
君天下臣诸侯之制。

周公执政勤勉谨慎，忧患意识伴随始终。
由于无法去往自己的封地，
儿子伯禽长大后，代周公赴鲁国就任。
临走前，周公语嘱了他。

你看我作为文王之子、武王之弟、当今天子的叔叔，地位怎么样？
周公
老牛掰了！
伯禽
没错，我的地位确实已到巅峰。
可是，我无论是在洗头还是吃饭，如有人禀告政务，我就得把头发握在手里，把饭菜吐出来，立马接见，担心失德被天下贤人背弃。
你到了鲁国，不过是一方诸侯，千万不要骄纵啊。
还有……
我去买几个橘子，你站在这里，不要动。

周公一面理政，
一面教育成王。
成王是天子，
犯错可怎么责罚？
于是，
伴读的小伯禽屁股遭了罪。

小伯禽
周公
周成王

对方不想和你说话
并揍了你的伴读小伙伴一顿

周成王

是谁在耳边
说
周公要叛变

执政七年后，
20 岁的成王长大成人了，
周公贯彻嫡长子继承制，
还政于成王。
成王临朝后，
听信了一些朝臣对周公的谗言，
周公无奈逃亡楚地。

不久，成王翻阅府库文书，
无意中发现了武王生病时
周公为他所作的祷辞，
深深感动。
他立即派人把周公迎回镐京。

鬼差索命，
请找我姬旦吧。
对不起啊叔……
周成王
没想到你会这么替我父亲祷告……

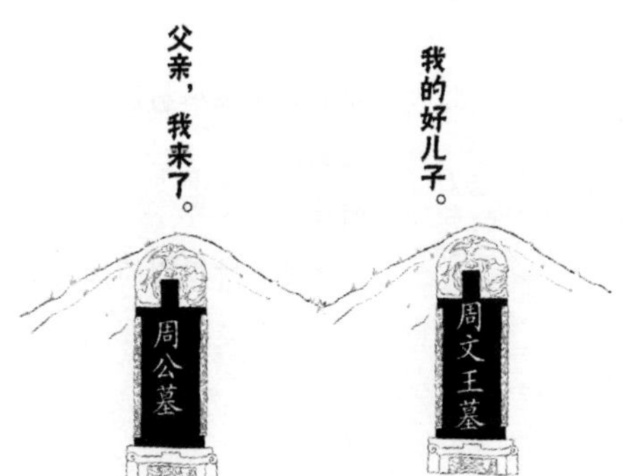
我的好儿子。
周文王墓
父亲，我来了。
周公墓

临终前，
周公要求葬在成周，
意在永不离开成王。
成王将周公葬在了毕邑，
陪在文王身边，
因为在他心里，
周公是像祖父一样值得尊敬的人。

读者有话说

思域无疆

周朝开创了“以人为本”的理智社会文明，是中华文明从懵懂蒙昧走向成熟理性的标志。周朝以道德为基准，用圣人崇拜取代了夏商以来的鬼神崇拜，使得中华民族从此摆脱了蒙昧的宗教束缚。人文道德战胜了鬼神，继承和发展了远古伏羲《易》文化精神，是中华民族文化早熟的根本标志。稍后的儒家以及诸子百家，都是对周文化的继承与发展，历史的多次分分合合，也是靠周朝形成的文化纽带，最终一统。

刘兴华

从通俗化的漫画上升到学术化的思考，才能向更多的人传播历史观。以史为鉴，可以知兴替……这期可算是铲史官里程碑的一期！

Gyokukonn

改革家永远站在时代的浪尖，他们不为世俗所理解，却往往引领历史的走向。如果没有周公的改革，没有“封建”“宗法”“礼乐”等制度，就没有所谓的八百年大周！我华夏走向大一统当始于周公的革新，直到今日，我们的民族血液中依然有周的记忆。

编后语

其实周公不会解梦，他很封建

历史学可以分为两种：一是历史记述；一是历史研究——解释历史发展背后的逻辑关系，即历史的必然性。

中国的历史研究，有着乾嘉学派以来雄厚的文献考证传统。“让史实说话”，是历史解释的基础。但是，考证解决的往往是一个点，而不是整体结构的问题。

17世纪以来，西方的历史解释框架，把社会的历史发展看成一个不断进步并通向美好明天的过程。而在中国，儒家以上古作为理想，将现世看作末流。孔子的价值观和对政治制度、纲常伦理的构想，很大一部分源自西周，来自于周公时代。

我们的故事，就从周公开始。

传统的历史叙事中，中国古代历史的演变从远古原始社会，到夏商周奴隶社会，再到封建社会。这里的“封建社会”，其实是指从秦朝开始、建立在“地主－农民”生产模式基础上的中央集权郡县制社会。真正的封建，是在西周。

夏商时代，君主只是名义上的中华领袖，类似部落盟主，控制不了其他部

落。而在西周，周王室通过家族的分封，加强对天下的控制力，中华民族开始了统一的大融合。这种历史进步背后有深刻的社会经济原因。

夏商部落之间战争频繁，俘获的奴隶构成社会生产的主力。奴隶是被迫劳动的，生产积极性不高，一有机会就要偷懒逃跑，动不动就被送上祭台当人牲。奴隶主需要付出人力物力监管，管理成本日益增长，双方对立严重。牧野之战，商王为此付出了亡国的代价。

西周社会，奴隶逐渐解放成了农奴。相对于奴隶，农奴有了更多的人身自由。农奴与奴隶主达成了默契，只要交足公田的税，剩下的都是自己的。被授予的私田，农奴只有使用权，没有所有权，去世后由长子做户主。农奴干活有了积极性，奴隶主不用付出监管成本，只赚不赔，皆大欢喜。非人道的奴隶制度消逝，生产力提高，这难道不也是一种社会进步?

西周统一天下后，部落战争减少，可俘获的奴隶减少，也是变革原因之一。生产力提高，周王室终于可以有能力控制更大的领域，“普天之下，莫非王土；率土之滨，莫非王臣”。二者之间，互为因果。

封建，是一种秩序。由之发展而成的礼乐制度、伦理纲常，成为后世君临天下治理帝国的工具和手段。由于缺乏资料，历史记述中的周公完美得近乎完人。在礼崩乐坏的后世，当权的辅政者通常被寄予周公一样的期望，却难再有全身而退的美好结局。顺应潮流进行改革，稳定天下秩序，促进中华民族形成，奠定中华文明的基因，周公算得上千古第一人。

建立在自家亲戚分封基础上的天下秩序，隐藏着矛盾和不稳定因素，造成了分封的瓦解和西周王室日后的危机。

史
铲史官

周厉王

被严重污名化的改革“一哥”

他实际上并不是被自己绊倒的，而是被祖宗留下的制度和当时的生产技术条件绊倒的。很可惜，他早生了 *600* 多年。

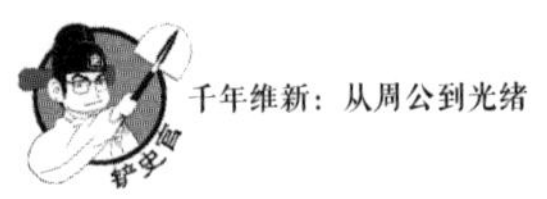

在周朝 800 年的历史天空中，
除了神一样存在的文王和武王，
还有周厉王这样鬼一样飘过的天子。
他被后世非常细腻地描绘成
“坏人”、“坏君王”和“坏领导”的楷模。

周厉王

别人笑我忒疯癫，
我笑别人看不穿。

前 841 年的某一天，
一帮有身份的人冲进天子宫殿。
经过激烈的拳脚斗争，
周厉王被赶出宫殿，
跑到山西彘地。
这帮人号称“国人”，
搞了一次成功的武装革命。
史称“国人暴动”。

我们是国人！
我们都是有身份证的人！
现在我们要伸张正义、
消灭昏君！
让你肆狂！
代表人民，
让你下岗！

从此世界清静了，对吧，
周公、召公？
嗯呢。
是滴。
周共和时代

国人暴动后，
共国的国君共伯和出来主持大局，
周公、召公担任辅政相国。
在之后的 14 年里，
国家进入“共和”时代，
直到周厉王死在彘地。
周厉王的儿子姬靖当上天子，
号曰周宣王。

注：对“共和”的记载，《史记》与《竹书纪年》不同。《史记》说周公、召公联合执政，但学界普遍认同另外一种说法：周厉王逃跑后，共伯和执政，周公、召公辅政。

因为是被大家一哄而上赶跑的，
载入史书的周厉王姬胡，
被勾勒成十恶不赦的坏君王。
可是，
周厉王真的是因为太坏
而被赶下台的吗？
他到底是因为什么被钉上了
历史的耻辱柱？

快来吧！
历史的耻辱柱
周厉王
苦

宝宝心里苦

上集我们说到，
周公分封亲戚治理天下，
可这种秩序本身却隐藏着
矛盾与不稳定因素，
它造成了日后周王室的危机，
周厉王的悲剧便源于此。

史

周王朝示意图

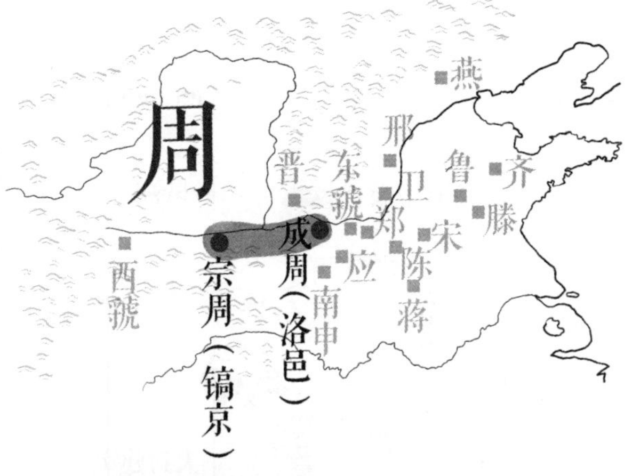
周
燕
邢
晋
东虢
卫
鲁
齐
郑
滕
宋
成周（洛邑）
应
陈
西虢
宗周（镐京）
南申
蒋

王畿地区

“普天之下，莫非王土”。
可在那个通信基本靠吼、
交通基本靠走的年代，
养不起庞大官僚的周王室
只能下放管理权，
让诸侯代为治理天下。
周王朝形成了
以渭河平原和成周为中心的
王畿地区，
以及广大的东部诸侯地区。

周王室直接控制的王畿地区
即周邦国，
下面分封的政治实体为邦。
邦是一个宗族控制下的
宗邑的集合体。
东部地区的大国国君一般称侯，
王畿地区分封的贵族一般称伯。

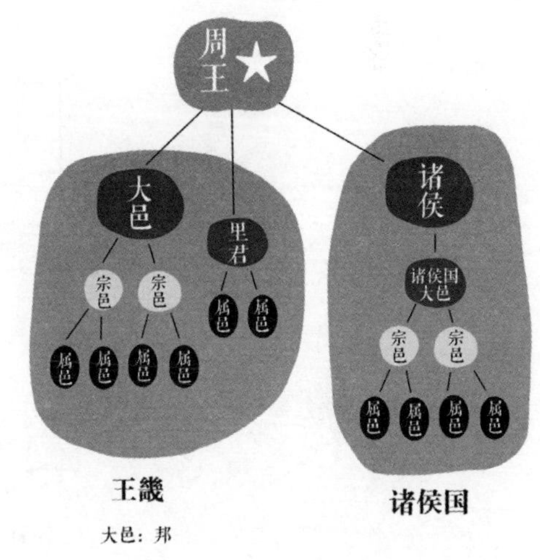
周王
大邑
里君
诸侯
宗邑
宗邑
属邑
属邑
属邑
属邑
属邑
属邑
诸侯国大邑
宗邑
宗邑
属邑
属邑
属邑
属邑
王畿
大邑：邦
诸侯国

西周国家组成示意图

诸侯国天高地远，
拥有自主的行政、军事权力，
形成一个较为独立的政治经济实体。
对比欧洲分封贵族，
后者不具备完全的行政司法权，
其实是一种变相的土地薪俸。
周天子要负责开疆拓土，
保卫全天下的军事安全，
长期可靠的收入和后勤
却主要来自王畿地区。

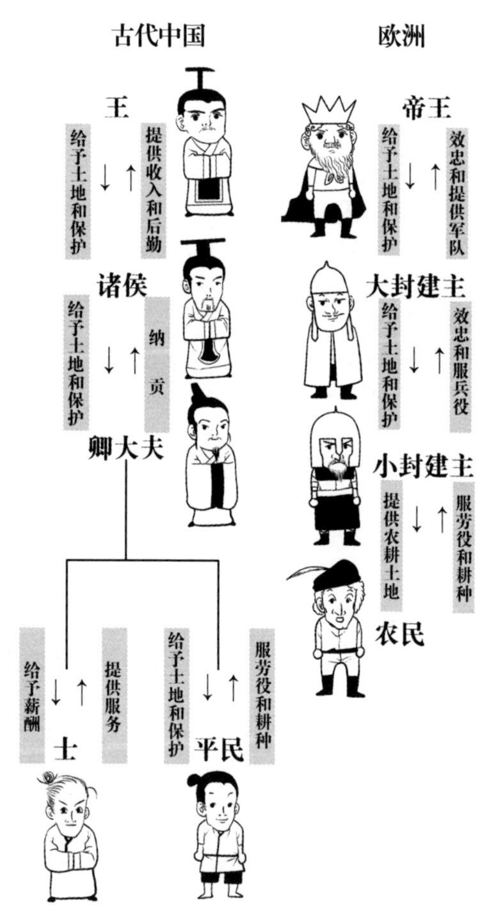
古代中国
欧洲
王
给予土地和保护
提供收入和后勤
诸侯
给予土地和保护
纳贡
卿大夫
给予薪酬
提供服务
士
给予土地和保护
服劳役和耕种
平民
帝王
给予土地和保护
效忠和提供军队
大封建主
给予土地和保护
效忠和服兵役
小封建主
提供农耕土地
服劳役和耕种
农民

中国、欧洲古代封建层级示意图

周公之后，
是休养生息、繁荣鼎盛的
“成康之治”。
成王、康王继续征讨四方，
获得丰厚收益分封打赏功臣将士。
随后的昭王南伐荆楚，
全军覆没，死于汉水，
西周终止军事扩张，
开始处于守势，走向衰落。

周
周昭王
汉水
玩脱了

想死你们啦！么么哒！
必须的！那个，老大，车票报一下呗？
周夷王
蜀国国君
吕国国君

到第六代周穆王时，
东南的淮夷、西北边陲的犬戎
开始侵扰周朝。
到了周夷王（第十代周王），
诸侯们开始不来朝拜天子，
三流小诸侯国偶尔来朝拜，
周夷王激动万分，
亲自跑到黄河边迎接。

今天，封你们三个为王吧！
呃……
这样好吗……
楚国·国君·熊渠

南边的楚国国君熊渠仿效周天子，
把自己的三个儿子封了王。
面对这种“僭越”之事，
周夷王也只能假装看不到。

范晔的《后汉书》中说：
“夷王衰弱，荒服不朝。”
西周十代后，国势衰微，
其创造的天下体系，
濒临瓦解。

周夷王窝窝囊囊地死了。
儿子姬胡即位，即为周厉王。
他是一个内心充满梦想的厉害角色，
不愿意像父亲那样
委委屈屈地活过一生。
他决定雄起，
追求一个更有尊严的生命。

雄起吧！
周厉王！
周·厉王·姬胡

什么封王？！
没有的事，
绝对没有！
楚国·国君·熊渠
突然乖巧

周厉王东征西讨，
先后打败犬戎、淮夷和宿夷。
这充分证明他是一个
有能力、有梦想的西部有为青年。
那些有异心的诸侯国受到极大的震动，
纷纷表示，以后开始老实。
楚国则主动撤去王号。

可是，
周厉王的梦想
很快碰到了天花板。
他发现自己的父亲
并不是没有梦想，喜欢窝囊。
而是不窝囊实在不行：
口袋里没钱。

天花板
周厉王

小钱钱全都不见了！

（哭穷的）诸侯

手里捧着窝窝头
菜里没有一滴油

如果把周王朝比作一个总公司，
诸侯就是子公司，
王畿地区可称为分公司。
子公司独立核算，
而分公司则直属总公司。
西周后期，
总公司不再对外扩张创造营收，
子公司由于血缘关系淡漠，
利润不再纳贡上缴。

分公司的财产，
分为王家财产、贵族财产、政府财产。
王家财产包括宫殿及宫内手工业，
贵族与政府财产主要是土地。
政府财产用于政府、军队的开支。
田地有限，开支增加，
分公司入不敷出，
总公司陷入破产边缘。

求打赏
穷

大周您好，
您的余额不足，
请充值。

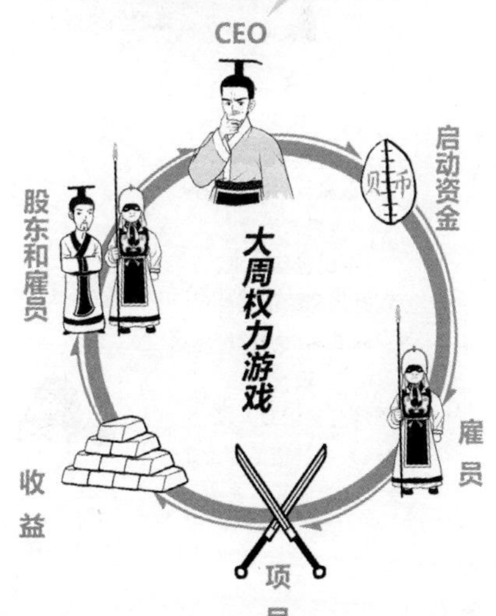
我是周厉王，
我项目启动资金出问题了，
我有大量不动产和雇员。
迅速给我转2万救急，
转好之后马上带
100万军队创造财富去，
你我就是兄弟，
封你个大王当当。
CEO
启动资金
贝币
大周权力游戏
股东和雇员
雇员
收益
项目

没有钱，就不能对外用兵；
打不了仗，
就带不来新的土地和财富，
以供养军队分封功臣。
周王室以土地换忠诚的这种封建游戏，
让自己陷入了自杀式恶性循环。
周厉王没有太多时间进行渐进式改革，
因为外部边境的军事压力
逼迫他必须马上出台政策，
以解燃眉之急。

改革从分公司开始。
周厉王在发展农业基础上，
派人在山川林泽设卡征税。
这一做法被史书称为专利制度。
这也是关税的最早来源。

天子所有，
请交关税。
内有恶犬，
请勿犯法。
恶犬

小爱提问

周厉王对山川林泽征税到底对不对呢？

按照当时的物权法，
作为天下共主的周王拥有一切。
现代社会，
山川林泽属于国家，
这个专利相当于国土资源税，
征收是合法的。
周文王时期，
就设置了虞官，掌管出产收益，
周厉王只不过加强了管理。

那征税到底侵犯了谁的利益呢？

周王室分封给王畿内
贵族的土地，
不仅包括田地，
还有周围的山川林泽，
平民向贵族上缴物产纳税。
现在，
周厉王直接派人征收，
税收大头就被王室抽走，
受损最大的其实是贵族。

耕地比较容易统计，
贵族们瞒报产出的可能比较小。
可是，按照当时的技术水平，
想把山川林泽里的物产统计出来则很难。
反正周天子也不清楚实际产出，
贵族们逐渐形成
随心情上供山川林泽物产的惯例。

征税？去你个大头鬼。
路边随便拔点草
鬧点说法就可以了。
贵族

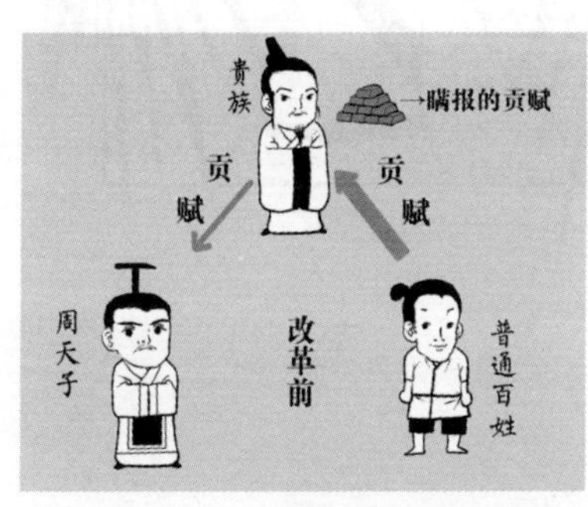
贵族
→瞒报的贡赋
贡赋
贡赋
周天子
改革前
普通百姓

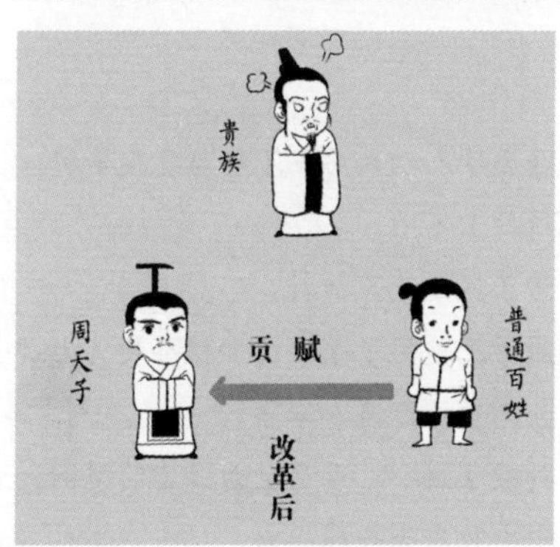
贵族
周天子
贡 赋
普通百姓
改革后

专利制度执行起来，
贵族们将不能作为代理
侵夺周天子的财产，
但对普通百姓其实影响不大。
对他们而言，
只不过是把山川林泽的贡赋
从贵族手上转交给周天子而已。

在我说出『周扒皮』这三个字的0.0001秒的时候，周围瞬间出现了七十个执法人员，天子终于对我这个贵族动手了。
在他说出『周』这个字的0.0001秒的时候，我已经拔出了刀。没等他说完，我已经把刀架在了他脖子上。
执法者
贵族

大大小小的贵族被割肉后，
把周厉王转过来的负担
转嫁给普通百姓和底层贵族，
并到处宣传周厉王的恶行。
为了控制言论，
周厉王成立了一个
以卫巫为首的执法机构，
监视抨击改革的“国人”。

咦？贵族世袭的职位都被剥夺了?!
咱能不能别这样？
我不听我不听！
呸呸呸！
周公
召公
周厉王

召公等人劝周厉王不要与贵族争利，
周厉王不听。
为了保证改革执行，
周厉王起用了荣夷公和虢公长父为卿士，
分别负责经济和军事，
打破了周公、召公世为卿士的惯例，
中央政府大规模换血。

对于东部那些不太听话的诸侯国，
周厉王使出更狠的招数：
一方面派出官员到诸侯国任职，
另一方面着手肢解诸侯国，
一国拆成几国，
打破王室不干预诸侯
和贵族封地管辖区的制度。
大家被割肉的痛感更加强烈。

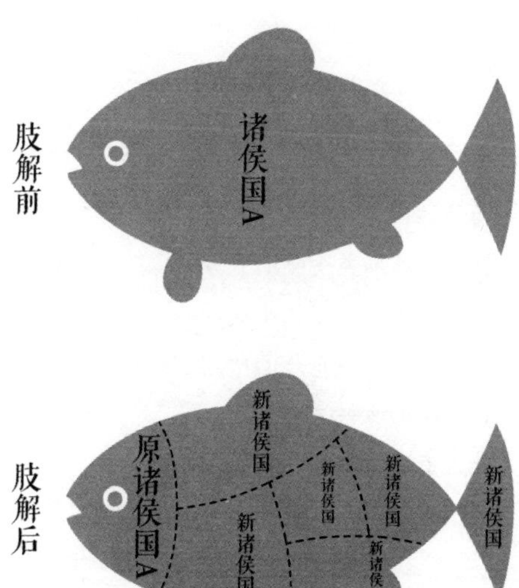
肢解前
诸侯国A
肢解后
原诸侯国A
新诸侯国
新诸侯国
新诸侯国
新诸侯国
新诸侯国
新诸侯国

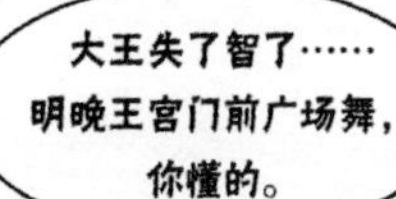
大王失了智了……
明晚王宫门前广场舞，
你懂的。

嗯嗯嗯，
不见不散。
路人·甲小丁
路人·丁小甲

整个周朝群情汹涌，
为防止人心不稳，
周厉王下令对非议朝政的人
痛下杀手。
据说，在公开场合，
大家只能“道路以目”。
贵族们和部分百姓忍无可忍，
感觉到无须再忍。

百姓·莫友谦
啧啧啧，城里人真会玩，又在过啥洋节了？

曾梦想仗剑天涯
后来工作忙没去

前 841 年的一天，
国人暴动了。
所谓的国人，
就是一些利益受损的贵族
和在城市里生活的平民。
广大生活在城市外的所谓“野人”——
最底层的百姓，
并没有参与暴动。

小爱提问

贵族们造反，周厉王咋没有动用军队镇压，反而要逃去山西呢？

你问到关键问题了。

据西周考古铭文推测，此时周厉王很可能已经控制不了军队。所以，即使逃出国都，也无法指挥军队镇压翻盘。造反“国人”幕后的支持者，已经掌控了军队。

据禹鼎记载，“国人暴动”前，
东部的鄂侯联合淮夷、东夷叛乱，
危机不亚于周公时的“三监”。
周厉王率领西六师东八师征讨，
却以失败告终。
随后，武公派出自己的戎车和徒驭，
在禹的率领下，
成功俘获了鄂侯。

武公

大周的微笑我来守护

哪天你不想守护大周的微笑，
大周就哭了。
YEAH!
周厉王

另一篇铭文多友鼎中，
记载这位武公，
命令多友指挥自己的战车，
抗击前来侵犯的犬戎，
保卫了京师的安全。
这是一支具有超强战斗力
却并不受周王掌控的军队，
对于周王的威胁，不言而喻。

禽兽们，那个畜生在那边！
召公

据说，
一些暴民冲到召公的宅子里，
要杀掉周厉王的儿子姬靖。
召公为维护姬姓宗族的利益，
把亲儿子交给暴民，
替姬靖死了。
上演了一场“程婴救孤”的好戏。

国家没钱，
如何收拾这个烂摊子啊，
周公、召公？
专利政策还是得继续吧，
共伯和、召公？
大家各退一步吧，
共伯和、周公。

新上台的执政者
对贵族做出了妥协，
但内外压力依然很大，
所以也部分地继承了
周厉王的政策，
比如专利和发展农业。

三位大臣苦苦支撑14年后，
终于等到周厉王死了，
而周朝的家业也被维持下来。
共伯和主动退出执政之位，
周厉王之子周宣王即位。
他享受了周厉王改革的果实，
开创了“宣王中兴”。

祝你生日快乐……
呃，说错台词儿了……
想起爸爸好心酸。
周宣王
改革的果实

西周
分封
天下秩序
礼乐

然而周宣王并未能从根本上
解决制度的矛盾，
内外压力让周王室短暂中兴后
还是无可奈何地陷入了衰弱，
导致周幽王时期国都被犬戎攻陷。
平王东迁建立东周后，
彻底失去对诸侯的掌控，
天下的分封秩序彻底瓦解。

读者有话说

拉曼却的哭丧脸骑士

随着考古学资料越来越丰富，历史学界对于古史中某个人物的评价可能跟过去大相径庭。这不是在做翻案文章，这是以事实为依据所做的正常推理。

双番东

每一个盛世之后的买单者都是可悲的，祖辈们盛宴狂欢，剩下的残羹剩饭由他们打包。崇祯不努力吗？无奈一个人的努力怎敌得过时势转变？在历史巨轮面前，他们不是被拖行而死就是被碾压成肉酱，只能说生不逢时了。

psycho 张

历史洪流滚滚，作为稳步推行改革措施的先决条件，攫取权力的相对集中，就成了改革者实现梦想的第一个步骤。于是，大部分成功的改革者都被戴上了政治家甚至阴谋家的帽子，至少在后世历史材料中，对改革者的争议是最大的。

Excited

周厉王面临的困境是：改革很难成功，但不改革一定成吉祥物。平王及东周，就和厉王预料的一样，沦为了小诸侯。哪怕改革再困难，不坚持改革就只有死路一条。

编后语

扒开“暴君”周厉王真实的一面

周厉王因为从贵族手中夺利益，还堵塞言路，被钉在历史的耻辱柱上，特别是不被后世的文人们喜欢。他死后，史书上记载，他的谥号是“厉”，而青铜器铭文上的谥号是“剌”，“厉”和“剌”都是比较糟糕的评价。

在传统的历史叙事中，周厉王无疑是非常标准的负面人物。他干的两件事，被大家所诟病。一件是规定周王室从山川林泽中汲取收入的比例，贵族和诸侯们上缴贡赋，不能再随心所欲。厉王动了贵族和诸侯们的“奶酪”。一件是为执行这一经济政策，他堵塞了言路，导致群情愤怒。

周厉王在政权中安排荣夷公和虢公长父，代替周公和召公，把持高级权柄，安插人员到诸侯封地任职，染指基层权力。

他安排的经济政策强化了中央财政集权，如果得以实施，地方势力会逐渐被弱化，甚至被铲除。习惯于独立自主的诸侯王和贵族们当然不会坐以待毙，他们为对抗周厉王，主动形成利益共同体，煽动利益受损的各方势力发动政变，赶走了周厉王。

站在周厉王的角度看，他这么做实属无奈。仅仅应付外部蛮夷的军事入侵和个别诸侯、贵族的不臣之行，周王室的财政就难以为继，不进行有效的改革，周厉王最终的下场不会比现在更好，提前成为周幽王，落一个身死国灭的可悲又可耻的下场，也是非常有可能的。

周厉王的各种举措没有在他的手上完全实现，但并不表示他不具备超强的能力。他在军事上的卓越成就，以及他敢于实施强化集权的行动，已经表明他是一个非凡的人物。

他实际上并不是被自己绊倒的，而是被祖宗留下的制度和当时的生产技术条件绊倒的。周朝实施的政治制度是封土建邦制度，各个诸侯国和贵族拥有独立性很强的封地，在周王室的实力没有足够大时，同时与所有诸侯和贵族为敌，没有不败的道理。

而当时的生产力水平决定了交通条件简陋和信息传输成本极高，周朝及其后世必须实施封土建邦制度，才能获得全天下人的拥护。

周朝不可能像商朝那样，依靠暴力有效地控制天下。它只能通过开创性的天下观、天命观和封土建邦制度，从意识形态、制度设计层面上，将松散的部落群体整合成一个政治、文化共同体，以降低统治成本。

为此，它不得不出让经济收益，作为获得地方和基层势力拥护自己的条件。可是这样的一个共同体，因为没有很强的经济资源的整合机制，其内部依然松散。缺乏经济资源的周王室，想依靠行政力量整合天下，不但不会成功，还会造成非常恶劣的后果。

如果生产力发展到一定程度后，在某一种势力（当然也包括周王室）的内部，交通足够便利，农耕区足够发达，激励制度足够完善，人口足够众多，这个势力就具备了超强的国家动员力。它当然就有能力整合天下，天下迟早也将尽入其囊中。不过，天下一统的局面，最后是由秦始皇完成的。很可惜，周厉王早生了 600 多年。

铲史官

管仲

以商止战称霸春秋

管仲的意义，在于引领和开拓。其改革思想和仁政主张流传下来，影响至今。如果没有管仲，我们恐怕要披头散发穿左衽的衣服了。

管仲是中国历史上大名鼎鼎的
改革达人。
他出生于一个破落的贵族家庭。
为了糊口，
管仲不得不从事当时地位
低贱的商业，
在奋斗中学习商业技能。

齐国蓝祥技校高材生·管仲

微笑中透露出贫穷

理解的理解的，
管仲爱占便宜，是因为家里穷；
临阵脱逃，是因为老母靠他一人供养。
嘻嘻，没关系的没关系的。
鲍叔牙
霍~~霍~~

管仲和好朋友鲍叔牙合伙做生意，
总爱占便宜。
出兵打仗，管仲临阵脱逃。
别人非议管仲，鲍叔牙却为他解释。
后来，二人各为其主，
管仲辅佐公子纠，
鲍叔牙辅佐公子小白。

当时齐襄公荒淫无道，
齐国即将爆发内乱。
管仲嗅到味道，
保着公子纠逃到鲁国，
鲍叔牙和小白也逃往莒国。
不久，
齐襄公果然在内乱中被杀。
公子纠和小白都赶回齐国夺权。

谁先跑到齐国，
国君之位就是谁的！
小白
公子纠

小白（齐桓公）

靠演技逃过一劫，
我可真是个小机灵鬼儿……

为了帮助公子纠夺位，
半路上，管仲一箭射中小白，
但小白靠装死瞒过管仲，
率先赶回国都夺权成功，成为齐桓公。
不久，
齐桓公逼迫鲁国杀掉公子纠，
并引渡管仲。

管仲回国后，
齐桓公本想报一箭之仇，
但在鲍叔牙的推荐下，
拜管仲为相国。
管仲生活在春秋早期，
当时周室衰微，礼崩乐坏。
各诸侯国纷纷追求富国强兵，
称霸天下。

楚
秦
周天子
齊

笑容渐渐消失

北冥有鱼，其名为鲲，鲲之大，不知其几千里也，做烤鱼，能喂饱齐国人。
上面那段不是我说的。
姜子牙

齐国靠近大海，
最早是姜子牙的封地，
他将周文化与当地民俗结合，
提升了齐国的文明程度，
并因地制宜，
大力发展渔业、制盐业，
促进工商业的繁荣，
使齐国逐渐成为经济富庶的大国。

管仲上任后，
为了促进社会分工，
把齐国社会分为“士农工商”
四大行业。
并让每个行业的人聚居在一起，
便于行业内交流技能，积累经验。
使国家从分工红利中赚取利润。

士
农
工
商
动次打次动次打次，
天空飘来四个字，
农工商还有士。
你们该搬砖的搬砖，
该种田的种田，
该做公众号的做公众号。
管仲

士这个行业当时主要是军士，
为齐国军队提供兵员。
史

管仲尤其重视商业，
为了给商人创造舒适的经商环境，
他建立官营的“红灯区”，
使商人们在身心愉悦的环境里快乐发财。
各国商人按捺不住那颗激动的心，
对齐国更加趋之若鹜。

听说那边有如花的小姐姐。
商人左青龙
商人右白虎

妈耶，是在说我吗，小哥哥？
感谢祖师爷管仲赏饭吃！
如花

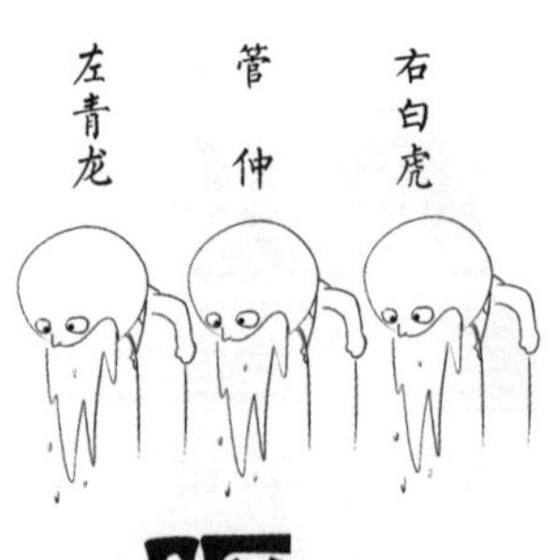
左青龙
管仲
右白虎

呕~~

齐国的工商业迅速发展，
在齐桓公和管仲的带动下，
全体百姓积极消费，享受美好生活。
管仲还采取国家干预的方式，
维护经济增长。
这与英国经济学家
凯恩斯的主张极为相似。

你咋会西方经济学？学我的吧？
噗嗤！你皮了。
论辈分，要学也是你学的我啊！
凯恩斯
管仲

降税，也是我的秘密武器。
HAHAHAHA！
美国总统·特朗普
跟我干吧！
我欣赏你！

但只鼓励商业和消费，也是不行的。
管仲非常重视刺激供给，
国家降低税收比例，藏富于民，
很快形成天下商贾纷纷归齐、
财富生产快速发展的大好局面。

我们一样了。
公田
私田

当时，农民们要为国家种公田交税，
而私田产粮才是自己的收入。
导致农民们敷衍公田，精心耕种私田，
甚至还偷偷开发“黑田”。
管仲规定，
无论什么田，统一交税。

盲目投资
毁掉一辈子！
最后只能上
天台！
囤粮粮高
快跳啊！
不跳让一让！
我们还要跳！

管仲统一了田税，
农业生产效率得到提升，
农业税收也水涨船高。
国家在丰年时大量收购粮食，
待到灾年再低价售卖，
以稳定粮价，救济百姓，
打击囤积居奇的行为。

管仲采取两年征一次税的方法，
给百姓缓交时间。
并按照土质好坏、产量高低
来确定征税额度，
还适当降低荒年的税率。
齐国上下，吃饱穿暖，
精神文明也随之发展起来。

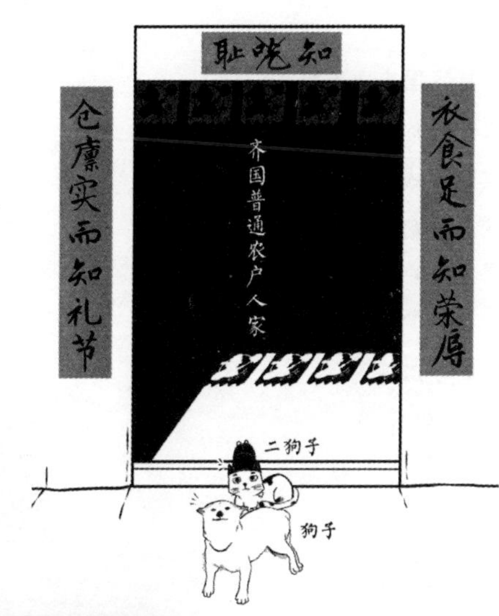
知晓耻
衣食足而知荣辱
仓廪实而知礼节
齐国普通农户人家
二狗子
狗子

管仲控制经济，
采取了有形之手——政府之手
和无形之手——市场之手，
两手抓，两手都很硬。
这种治理方式和措施，
在现代国家治理中依然存在。

放干池塘的水，
鱼就全归我啦！
你弱鸡啊！
也不想想，
池塘被放干了，
鱼绝种了，
明年你还去哪里捞鱼？
管仲
逃过一劫！

管仲针对当时“竭泽而渔”的
经济开发，
制定了历史上最早的自然环境保护法，
禁止人们滥伐滥捕，
以保护树木和鱼类的正常生长，
伐木和捕猎只准在
适当的季节进行。

虽然齐国丰衣足食，
但是要称霸诸侯，仅靠农业税收，
国家的钱还是不够花。
盐、铁是两大支柱产业，
家家户户，须臾不离。
管仲把“屠刀”伸向了盐和铁，
垄断了山海资源。

山里出铁，海里出盐。
只要这两个地方把住就发财了。
我去，
我这么聪明的人儿哪里去找。
嘻嘻。
管仲

智慧的凝视

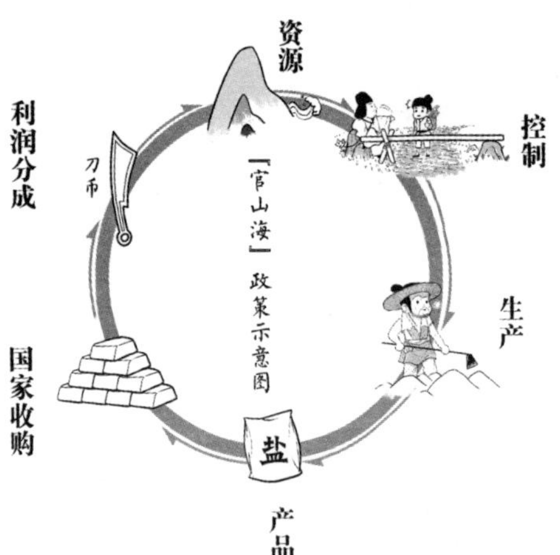

资源
控制
生产
产品
国家收购
利润分成
刀币
盐
「官山海」政策示意图

控制了山海资源的所有权后，
政府开放盐场与冶铁作坊，
允许民间商人进入生产环节。
所得利润，
民商得七成，政府得三成。
产品再由国家统一收购出售，
这样就控制住了**产量、销售和价格**。

管仲实施“官山海”的政策，
统购统销既能获得垄断利润，
又能发挥市场机制，可谓一举两得。
关键是，政府得利，
好像还没有加赋，
被割肉的百姓也不会因为疼而有怨气。

市场规模膨胀，
对货币的需求量与日俱增。
因此，
管仲统一货币，
禁止民间私铸货币，
规范金融市场，
不露声色地赚得“**铸币税**”，
控制住通货膨胀，
防止财富外流和贬值。

好美的刀哦，
这就是传说中的dollar？（美刀）
齐国“刀形币”
春秋时期某国商人

财大气粗的您，
不欺负人，会死吗？
会。
齐桓公
管仲

拥有坚挺的货币，
活力四射的市场，
高超精妙的治理，
齐国的经济综合实力噌噌上涨。
但齐国想在国际上取得话语权，
还必须政治、军事给力才行。

春秋各国，普遍实行“世卿世禄制”，
官二代可以接老爹的班，
吃老爹的俸禄。
而管仲从下层选拔
孝顺、聪慧、强健的人来当官，
并按照政绩确定官员的升降。
促进了阶层流动，
增强了社会活力。

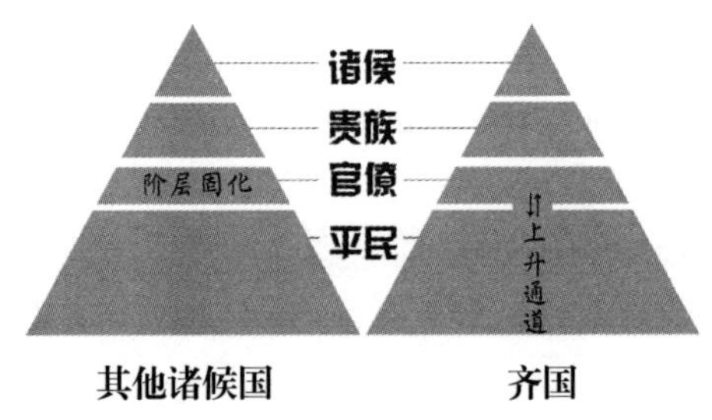

诸侯
贵族
官僚
平民
阶层固化
上升通道
其他诸侯国
齐国

打赢了咱们一起光荣。
打输了我跟着完蛋。
齐国平民张权蛋
齐国平民任咸齐

管仲推行“军民”一体的
兵制改革。
把负责行军打仗的“士”，
每家每户按军事化编制，
家家互相作保，
平时一起居住，
打仗一起上阵，
彼此祸福相依，
提高了军队作战效率。

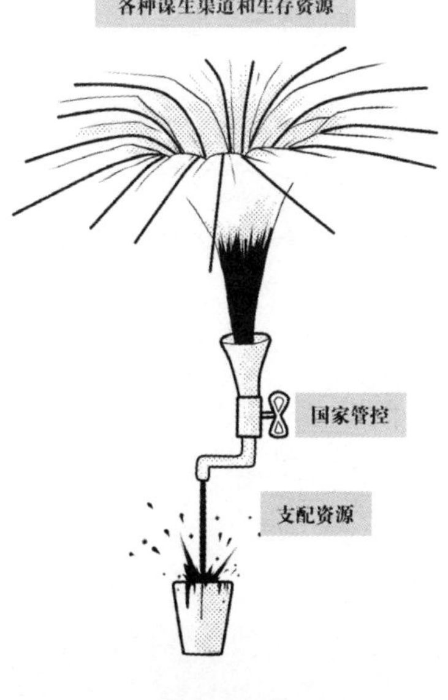
各种谋生渠道和生存资源
国家管控
支配资源
管仲陷阱

管仲主张“利出一孔”，
把国家利益分配交给单一孔道，
将国民的幸福感、荣誉感和财务源，
攥在国家手中。
可是齐国并没有完全实现，
商鞅变法实现了。

尊王攘夷
齐桓公
推了推隐形眼镜
这个口号太六了，
我真是个机灵鬼儿。

政治、军事、经济三位一体改革，
使齐国从内到外脱胎换骨。
齐桓公打出“尊王攘夷”的口号，
借用周天子的权威来威服诸侯，
保护小国不受周边民族侵犯。

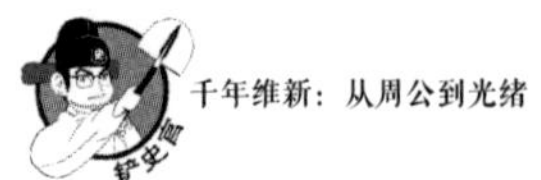
铲史官

齐国喜欢用温柔而缺德的
经济手段搞垮对手。
衡山国善于制造兵器，
管仲就大量采购，
让各国都来争购，
从而使其涨价十倍，
导致该国百姓放弃农业，
赶造兵器。

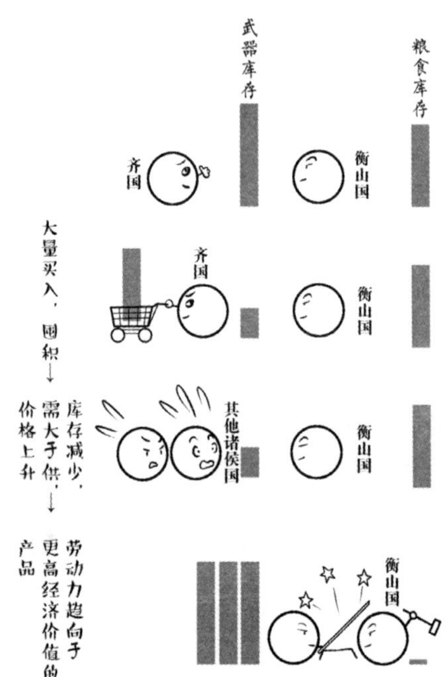
武器库存
粮食库存
齐国
衡山国
大量买入，囤积↓
齐国
衡山国
库存减少，需大于供，↓
价格上升
其他诸侯国
衡山国
劳动力趋向于更高经济价值的
产品
衡山国

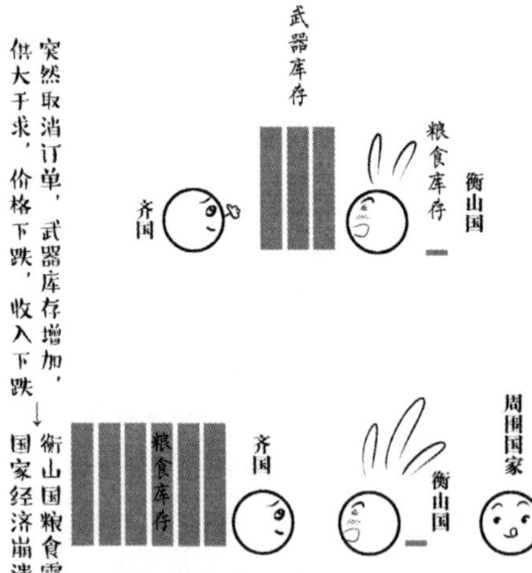
突然取消订单，武器库存增加，
供大于求，价格下跌，收入下跌↓
武器库存
粮食库存
齐国
衡山国
衡山国粮食需求无法满足，
国家经济崩溃
粮食库存
齐国
衡山国
周围国家

与此同时，
齐国把周边各国的余粮
全部高价买光，
然后突然取消兵器订单，
以至于衡山国闹饥荒，
齐鲁趁机瓜分了衡山国。
这是中国最早最成功的
货币战争。

有钱可以为所欲为吗？
我要告诉你们，
是的。
乖巧~
乖巧~
乖巧~
管仲
鲁国
晋国
燕国
盟主

管仲充分发挥
有钱、懂钱的优势，
经过几十年的玩坑算计，
最终树立齐国天下霸主的地位。
齐桓公曾九次作为盟主，
会盟诸侯，称霸天下，
人生达到顶峰。

当心这三人。
仲父放心，
这仨货玩物而已。
管仲
齐桓公

前 645 年，管仲不行了。
临走前，管仲交代齐桓公，
千万不可让易牙、开方、竖刁
三个小人执掌齐国政局。
齐桓公满口答应。

齐桓公→
以锤服人！

可是，
齐桓公并没有听管仲之言。
管仲死后，
这三人果真成为
祸乱齐国的妖孽。
两年后，
齐桓公病重，
五个儿子争位，
打成一锅粥。
齐桓公死后，
腐烂多日，
也无人理睬。

我都快被你们气活过来了

一边批我，
一边学我。

2000 多年历史中，
管仲对后世各类变法影响极大。
但在外儒内法的专制时代，
在尚义轻利的文化语境中，
管仲的经济政治思想，
一直处于欲说还休的尴尬地位。

读者有话说

远慰风雨夕

在战争还不激烈的春秋时期，国际环境较宽松，重商主义者可以利用积蓄的大量钱财，向周边国家赎买粮食及其他生产资料，并以此撬动国际政治。而进入战国，就是你死我活的吞并战争了，重要的资源如人口、粮食、金属，都不是货币可以轻易撬动的。所以《韩非子·五蠹》将商人列为其一，主张将商业的控制权收为国有，而人民唯耕战。在极端的争斗岁月里，启动战时经济，是以疾风暴雨的武力定天下的最佳策略。

反观如今，恐怖的核平衡之下，国际经济、文化、科技的竞争迈入常态。管仲的智慧，依然令人钦佩。

文正

在中国历史上，法家大佬都以改革著称，管仲以外，李悝、吴起、商鞅、李斯、晁错、桑弘羊，以及后世打着儒家名头实行法家策略的杨炎、王安石、张居正等人，无一不是敢对当时社会进行大刀阔斧改革的人物。但是这些人的命运都不怎么好，改革成功或失败都受到普遍批评，在传统史家笔下都是不太光辉的形象。管仲改革势头之凶猛、手段之强硬都是少有的，但在后世却很少受指责。其原因，大概除了管仲取得的业绩及其重视民本、“尊王攘夷”的方针很符合儒家的口味外，与孔子的“微管仲，吾其被发左衽矣”的定调有很大关系。毕竟后代儒家门人中敢跳出来推翻孔夫子结论的没几个。

安公子的locking

补充一下:1. 三七分成那个明显是我们20世纪80年代对国营企业放权让利的双轨制，朝鲜现在就在用。2. 美国的减税有三次，肯尼迪时高收入人群个税高达90%，里根时砍到50%、37%，川普20%，只是他让美国制造业回血，跟管仲吸引天下商贾不一样，管仲是“全球化”。而且贸易战的核心是打出国家安全牌，绕过国会，扭转贸易逆差，特别是保护智慧财产权。齐国当然不存在这个问题。

Excited

管仲的改革也有明显缺陷：1. 齐国以食盐垄断作为争霸的核心，对其他大国和中等国家发动经济战时，那些国家才不敢轻易采用强硬措施。2. 管仲的改革只做大蛋糕，但不敢轻易动国内的既得利益者，这便是“减税”的后遗症。后来发生的“田代姜”就是很好的例子。3. 齐国不敢肆意消灭其他国家，原因是少一个贸易对象，给既得利益者带来的损失大于国土增加的收益。也就是既得利益者的诉求与齐国不统一。

商鞅及秦国的对策与差异：1. 吞并巴蜀，获得的食盐虽不足以大量出口，但足以摆脱齐国约束。2. 更彻底的改革：商鞅之后，不但丞相（左庶长）几乎没有本国贵族，县令等职务也大多普通士人甚至庶民。3. 既得利益者与国家利益诉求基本一致：从贵族、高级客卿到庶民甚至奴隶都希望开疆扩土。

编后语

减税和贸易战，这个山东人两千年前就玩转了

管仲是2000多年前一个充满智慧的改革家。

他在齐国为相42年，以一己之力，通过高超的策略，使齐国变成一个政治、经济和军事的强国，而且通过经济手段扩张领土，以会盟的形式重新建立了东周纷乱的政治秩序。

在此基础上，管仲以华夏文明的捍卫者、传统秩序的维护者的面目，带领各诸侯国抗击蛮族入侵，使诸侯割据、中央处于弱势的周朝延续了国脉，华夏文明也得以继续稳定发展，对中国后世的影响极为深远。

孔子算是他的高级粉丝，《论语·宪问》记载："子曰：微管仲，吾其被发左衽矣"。这句话的意思是，如果没有管仲，我们恐怕要披头散发穿左衽的衣服了——成为蛮族。而曹操和诸葛亮，也都把管仲作为精神偶像。

管仲在外交上善于不露声色地获得巨大利益，而他的反战思想和政治上讲诚信、顾大局的做派，也让孔子认为他是货真价实的仁义之人，并因此给予他高度评价。但是，在"俭"与"礼"方面，儒家对管仲持批评态度。

后世对管仲的评价却很犹疑。管仲重商的各种举措，让后世重义轻利的文化传统无法予以全盘接受。而专制王朝对商人群体的提防和不信任，也让他们很难继承管仲的重商主义。大概也只有如曹操、诸葛亮等人，为追求改天换地的伟业，才会将他作为学习好榜样。

除了管仲自身综合素质确实过硬外，他的改革之所以能在齐国成功，还有很多客观原因。

一是齐国之前就具备重商主义的社会风尚，工商业基础比较好。

二是齐国地处中原之外，东临大海，不是处于四战之地，外部军事、政治压力相对较小，拥有较为宽松的发展环境。

三是春秋时期，诸侯争强，周王室势衰，为管仲实施经济战争提供了平台。

四是周礼虽然崩坏，但并没有彻底崩塌，与战国相比，国际竞争并不残酷，齐国拥有长期缓慢发展经济的时间。

五是齐桓公本人对管仲信任无限，彻底放权，为管仲施展个人才华提供了平台。

后世的商鞅遇到了和管仲相似的环境，他吸收管仲的思想。比如，他推行军功爵制，根据耕战业绩，不分贵贱，奖励勤人。而且彻底实现“利出一孔”，国家对资源具有超强的掌控力，商鞅变法因此取得骄人的成绩。只是商鞅死在秦孝公之后，落了一个悲惨的下场。管仲则幸运多了。

大概因为管仲没有实现“利出一孔”，将资源完全掌握在国家手中，国家层面的激励政策最终成了口号，没有完全落实下去。而重商政策导致大量资源流入商业，百姓可以通过盈利更高的商贸和手工业发财致富，自然对危险的战争和辛苦的耕作不感兴趣。即便齐国拥有超强的武装资源，也不可能有效激励将士，为齐国开疆拓土。

管仲死后，齐国脆弱的政治构架和制度瞬间崩塌，齐国的霸权也因此烟消云散，这是管仲的悲哀。而商鞅死后，秦国却凭借商鞅留下的政治经济制度体系，继续前行，直到统一天下。

管仲的意义，在于引领和开拓。其改革思想和仁政主张流传下来，影响至今。

铲史官

李悝

法家鼻祖开启的战国改革大戏

李悝变法的思想、路径及制度工具，被吴起、商鞅直接继承，催生了楚国与秦国的变法。

前 403 年（周威烈王二十三年），
周天子参拜天地、祭祀祖宗之后，
宣布将晋国的魏斯、赵籍、韩虔
封为诸侯，
韩、赵、魏正式立国。
春秋结束，战国开始。

恭喜！以后你们就是
诸侯俱乐部正式会员了！

周天子
魏文侯·魏斯
赵烈侯·赵籍
韩景侯·韩虔

三家分晋

春秋战国，都是乱哄哄打仗，
为什么要分春秋和战国？

春秋战国时代纷乱的源头，
就是当时的社会条件下无法保证
周天子对分封诸侯进行有效控制。
春秋时期还好，
大家表面上还听从周天子的安排，
打来打去的目的就是比出一个老大，
交战还讲些原则，
比如“不追亡，不逐北”。

为何此事是
进入战国的标志呢？

“三家分晋”是对原有封建秩序的
严重破坏和挑战，
而周天子被迫承认，
则意味着天下彻底失序，
进入弱肉强食的战国丛林时代，
战争目的变成吞并他国。

进入战国时代，
诸侯厉兵秣马，
追求富国强兵，
相继开启改革变法。
春秋末期，
改革序幕已经率先
在魏国拉开，
总设计师是魏相李悝（kuī）。

Hello,
my name is LiKui.
How are you?
I`m fine,thank you,
and you?
Ok,let`s speak Chinese.
能取得这么大成绩，
在这里，
我首先要感谢老板
魏文侯的大力支持！
李悝（前455年—前395年）

注：李悝的生平史料极为稀少，在《史记》等史书中，有李悝与李克两人的记载，本文采用学界主流看法，认为李悝与李克为一人。

春秋时期，晋国就打破宗法制，
分封大量异姓“非公族”。
这导致了晋国公室的崩溃，
但改革与尚法传统却被继承下来。
前 *445* 年，
27 岁的魏斯即位，成为魏国国君。

魏国人多地少，
周边大国环伺，
我不得不变法图强啊！
魏
魏文侯·魏斯

不变法会死啊？
魏王：会。

李悝
魏文侯
子夏
段干木
吴起
公羊高

西河学派

魏文侯重视人才延揽，
邀请孔子的学生子夏来到西河地区
（今山西西南部黄河沿岸）
教学，形成著名的西河学派，
弟子包括魏文侯、李悝、
吴起、公羊高、段干木等。

孔子去世后，
弟子思想分歧，各散四方。
作为孔门十哲之一的子夏，
以“文学”著称，
主张经世致用，追求革新，
有离经叛道的倾向。

这下我可以实现我的理念了。
锤你脑仁！
这么急功近利，
你这是要气活我！
子夏
孔子之墓

春秋通讯
15:18
98%
发现
朋友圈

子夏
法家发轫于我们儒家，
我算是源头。

说事专用图

1分钟前 删除

♡ 李悝，魏文侯，吴起，公羊高，段干木
李悝：说得好
吴起：腻害
铲史官：我要铲你了你怕不怕

子夏是晋国温地人士，
其门下弟子三百，
相继为魏国输送大量人才，
优秀的如李悝，
日后制定法典，主导改革，
成为法家的鼻祖。

李悝聪明务实，灵活机变，
善于用利益引导人的行为。
在任职上地守时，
他诱导民众练习骑射，
以对付虎视眈眈的秦军。

我把话放这了，
谁能射中红心，
谁打官司我就判他赢！
李悝

嗖嗖嗖嗖嗖嗖嗖嗖嗖嗖——！

呃，好吧……

上地是从秦国领土上兼并过来的，
所以征战不断。
李悝任上抵御了秦国数次进攻，
得到魏文侯赏识。

魏文侯
小师弟威猛啊，
快到我碗里来，
到中央辅佐我。

小李啊，word HR，
你曾说家贫要找一个好媳妇，
国穷就找一个好相国，
你看他俩谁适合当相国啊？
我勒个去，
卑微的人怎能为
尊贵的人谋划？
给我挖坑……
李悝

魏文侯十分器重
年轻的李悝，
经常向他咨询用人问题，
就连魏成子和翟璜
谁来当相国都问他。

李悝谦虚不肯多说，
但魏文侯执意要听李悝的见解。
李悝没有直接对两人能力发表意见，
而是传授了识人五法，
让魏文侯自己去判断。

我教你一个识人五法：
平常和什么人在一起；
钱都花在什么地方；
飞黄腾达时是否跋扈嚣张；
有困难时能否保持礼节有所不为；
贫穷时能否管住自己的手。
感谢先生，
这辈子选谁当宰相我都不愁了。
那我先去看看他们的购物车。

你看吴起能用么？
我勒个去，当然可以。
这个人贪而好色，但要论用兵，
战神司马穰苴也比不上他。

李悝以“贤德”为标准选拔人才，
思想显然出自儒家，
但这个标准有时也会变化。
当魏文侯向他咨询是否任用吴起时，
李悝却以才智为准。

前 *422* 年，
32 岁的李悝被正式任命为魏相，
君臣同心合力，
开启了一场自上而下的十年变法运动。

大变法就此开始!!
遇事不要退让，我给你做坚强后盾！
老大支持就好！

确认过眼神，
遇上对的人。

夺淫民之禄，以来四方之士！有谁不服？！
李悝

笑里藏刀

李悝的改革是全方位的，
政治、经济、军事均有涉及。
在政治上，主要有三点：
第一：
废除世卿世禄。

谁是淫民？
国家还管下半身的事？

你想多了！
这里的淫民是指继承父辈的爵位，不劳而获的享乐贵族。剥夺他们的爵禄，来招徕四方才学之士。

魏文侯采纳了这一方案，
从“士”阶层选拔了
一大批儒、法贤才，
如翟璜、吴起、乐羊、西门豹等，
组成以李悝为首的
文武改革智力集团和政权机构。

翟璜
西门豹
李悝
吴起
乐羊

我们心里只有一件事，
就是改革！

给铲史官个面子，
告诉你们一个秘密，
解决按劳分配，
其实是古今改革的核心问题。
大蛋糕，
呱呱叫，
实在妙，
这一套，
全都要！
李悝

第二：

以功受禄、赏罚分明。

无才无功、不能顺应潮流的旧贵族，
丧失了原来的政治经济特权，
退出了政治舞台。

第三：

以法治国。

晋国时期，宗法崩溃，异姓崛起，
单纯用礼已不能维系秩序，
只能用法约束社会成员。
李悝根据晋国成文法，
制定颁布了共六篇的《法经》。

《法經》
正律四篇：
《盗》《賊》《囚》《捕》
雜律一篇：《雜》
減律一篇：《具》
版權所有，侵權必究——李悝

布告
盗窃数额大的，充军诛杀；
杀一人的，抄家诛杀，牵连妻子儿女；
杀两人以上的，牵连母亲及氏族；
拾物不还的，砍其脚足。
上午犯罪爽，
下午火葬场。
李悝

春秋战国，战事频仍，
流民众多，盗抢事件频繁。
法经首列《盗》《贼》二法，
以重刑来解决社会治安问题。

杂律是惩罚盗贼以外的犯罪行为，
如外遇、多娶等。
针对卿大夫有关的犯罪行为，
如盗符、赌博、贿赂、聚众、
妄议法令等进行重罚，
打破“刑不上大夫”的传统。

太子犯法，
都要与民同罪！
啥？
开个轰趴，
议论法令都要被抓？
魏文侯
被抓贵族

半部《论语》治天下，
一部《法经》可治国！
秦国
出口
商鞅
《法经》

《法经》是集先秦法制大成的
第一部法典，
为李悝变法提供了法律保障，
成为后世法典的蓝本。
后来，商鞅带着这本《法经》，
到秦国开启了商鞅变法。

改革的重头戏是经济。

主要有三个方面：

第一，**废除井田，按亩征税。**

李悝填平井田间的道渠，

实行 *200* 步为亩的大田制，

按十分之一税率每亩征收一斗五升。

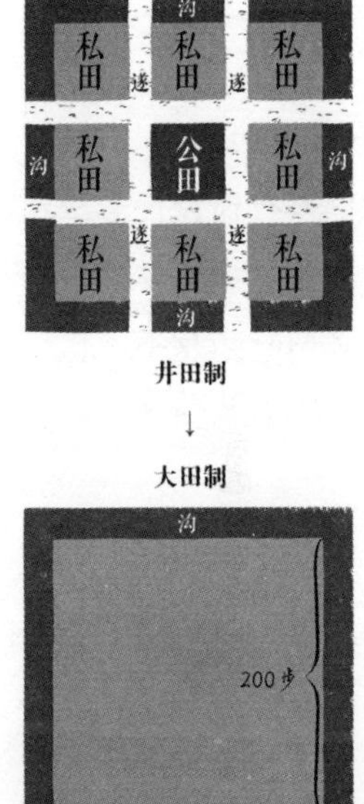
沟
私田
私田
私田
遂
遂
沟
私田
公田
私田
沟
遂
遂
私田
私田
私田
沟
井田制
↓
大田制
沟
200 步

来来来，
我们秦国地广人稀，
来这里种地有饭吃噢！

第二，**“尽地力之教”，发展农业生产。**

魏国人稠地狭，耕地不足，

许多人被迫到邻国谋生。

如何利用有限的耕地资源，

保障人民基本生活，

成为当务之急。

李悝规定房前屋后、
边地疆场等
必须种植桑麻瓜果，
努力提高单位面积产量。
增产者有赏，减产者受罚。
推广先进的种植技术，
开发农田水利基础设施。

桑树
!!

令人窒息的种植

小爱提问
著名的西门豹治邺，
就是这个时候的故事吧？

对，
西门豹趁河伯娶妻
惩治恶霸的故事家喻户晓，
其实他在漳河挖掘12道渠，
让田地得到灌溉，
才是解决问题的根本。
史

第三，**实行平籴**（dí，买进粮食）**法，稳定粮价**。

小农经济初立，
各国先后实行按亩征税。
但农民生活穷困，
难以抵抗灾荒。
李悝统一赋税，提高商业税，
执行重农抑商政策。

想不想做生意？
想。
那你听不听话？
听。
听话的话咱们就不做生意，
回家种田去怎么样？
啊？
不行的话，
提高商业税也可以，
那就提高个99%吧！
这么重的税和劳役，
做什么生意，
还是回家种田去！
我可以没有钱，
但是不能没有粮。
爱你么么哒！
魏国商人
李悝

平籴法是当时的宏观调控。
粮食增产供过于求时，
国家收购防止粮价暴跌；
到了粮食减产供不应求时，
国家销售收购的粮食，
防止粮价暴涨。

大米大甩卖啊！
买我的，我的便宜！
我的更便宜！
我的不要钱！
我的有补贴！

供过于求

十点开抢。
今日价格略有上涨，
大概涨个100%。
难道这就是传说中的
饥饿营销？
米

供不应求

汉朝的常平仓，
和后来的国家粮库，
其实是学我的平籴法。
李悝

征兵啦！
一人当兵，全家不饿！
一人当兵，全家光荣！
哇塞！
我也可以成为兵哥哥啦！
甜瓜
←吃瓜群众→

军事改革方面，
由吴起主导实行“**武卒制**”，
废除只有“国人”才能当兵的制度。
征兵不以财产，
而以身体、技能为条件。
待遇优厚，可赐田宅、
免除全家徭役等。

魏武卒!!

“魏武卒”的选拔标准很高。
士兵身穿重甲，挎剑持戈，
背着 *12* 石拉力的弓弩与 *50* 支弩箭，
再带上 *3* 天的粮食，
半日之内负重跑百里。
（商周时代的一里约相当于现在的 *400* 米）
并被要求随时投入战斗。

李悝用盐池的收入，实行“以盐养兵”。
供养充足、训练有素的魏军，
在吴起、乐羊等名将统领下，
横扫秦国，夺取中山。
魏国崛起成为战国时期的第一个强国。

快跑！
要不被魏武卒
抓去做兵马俑！
秦国士兵
神挡杀神！
佛挡杀佛！
魏武卒

注：盐池即今天山西运城解盐盐池。

改革，
由我们接棒！

前 396 年，76 岁的魏文侯去世。
一年后，60 岁的李悝去世，商鞅出世。
几年后，
遭受猜忌的吴起，去往楚国变法；
三十几年后，
不得志的商鞅，去往秦国变法。

商鞅
吴起

我的变法讲完了，
请继续阅读我的继承者
吴起、商鞅的故事。

李悝变法，
在具备天时地利人和的魏国进展顺利，
但是制度转型并不彻底，
获得初期辉煌后人亡政息。
然而李悝开启的战国改革潮流，
浩浩荡荡不可遏止，
继续推动历史前进。

读者有话说

介子

其实，战国时期的良才很多都是魏国人，可惜了魏国处在四战之地先天不足，首先变法图强但没有最终坚持下去。战国时其他国家在改革初期都取得了可观的成效，但只有秦国坚持了下来，最终一统。可见坚持一个好的制度比创建一个好的制度更难。

lxz

李悝变法使魏国成为战国初期第一强国，最重要的还是让很多有才之人得到了展示的机会，只是后期魏国没有坚持下去，很多人才出往他国，建立功业。如果这些人才都能留住，为魏国所用，历史或可改写。

约克郡检察官

子产铸刑书，打破“刑不可知，威不可测”，堪称第一。可是李悝的《法经》对后世影响太大了，“重农抑商”贯穿封建时代，“法制”贯穿改革，法制史对《法经》着墨不少。《法经》被称为中国历史上第一部比较系统的成文法典，为中国法制奠定了基础。参加司法考试的小伙伴一定要好好学法制史啊。

编后语

李悝变法顺应了什么样的时代潮流？

春秋战国，诸侯争霸，逐鹿中原，中国历史进入第一个大分裂时代。

在孔子眼里，这是一个“礼崩乐坏”的最坏时代，但在雄心勃勃的君主和改革家眼里，也许是一个建功立业的最好时代。

伴随着这一段轰轰烈烈的大乱世的，是轰轰烈烈的大变革。旧有的分封和井田制度，成为阻碍社会进步的绊脚石。

分封制度下，贵族领主在封地内拥有民政、经济、军事等一系列权力，形成一个自给自足的闭环。君主的权力无法下沉，枝强干弱甚至影响到政权稳定。这是社会动乱的政治制度根源。

井田制成为阻碍进步的经济制度因素。在更早的时代，生产资料以石器、骨器为主，一家一户不能独立耕种，只能集体协作。耕种公田，是一种力役形式的田税。由于人好逸恶劳的天性，农奴自然没有耕种公田的积极性。而井田是分封给贵族的，不能随意买卖，土地资源也不能流动给生产效率更高的人。

春秋战国时代，冶铁技术发明，铁制工具逐渐应用。伴随牛耕的推广，个体耕作逐步取代协作耦耕，公田呈现荒芜景象。手持铁器的农夫，开始开垦荒地，这些田地也逐渐被统治者纳入征税范围。

土地制度发生变化，各国也相应开启田税制度改革，实行按亩征税，将田税和数量、产量直接挂钩。比较早的，如鲁国的“初税亩”（前 594 年）。

李悝废弃井田，推行 200 步为亩的大田制，事实上废除了井田制。农夫给贵族的赋税不再是以种植公田的形式，而是直接用财物交纳。赋税是相对固定的，因此，农民生产的粮食越多，自己的所得就越多。生产积极性提高，生产效率提升，国家收入相应增加。

与经济制度改革相配套的，是废除贵族的世卿世禄，土地变成一种流动资本。后来的商鞅彻底改革，土地成为农民或地主的私有财产。

春秋时期的管仲改革，也涉及井田与爵禄，但重点是在盐铁、货币等领域，以市场作为主要手段。李悝改革的重点集中在井田分封制度，并辅以《法经》作为固变的工具。

遗憾的是，魏国改革取得初期成绩后，经济发展使多数人受益，社会矛盾缓和，改革力度随之减弱。魏文侯和李悝去世后，既得利益者封锁人才上升通道，逼走改革人才，魏国的变法终于人亡政息，无疾而终。

李悝变法的思想、路径及制度工具，被吴起、商鞅直接继承，催生了楚国与秦国的变法。这几次变法通过不断试错调整，最终由商鞅集大成，完成土地私有、中央集权与郡县制度的彻底转型，实现了中国的大一统。

铲史官

吴起

当军事家转型为改革家

吴起有能力破坏一个旧世界，但是没能创造出一个新世界，所以其失败也是必然。

前 *381* 年的一天，
楚国国君**楚悼王**猝然辞世。
本来应该是一片悲怆的追悼会上
却发生了十分不和谐的一幕。

群臣叛乱，
谋害我王！
楚悼王

楚悼王：
都快被你们气活过来了。

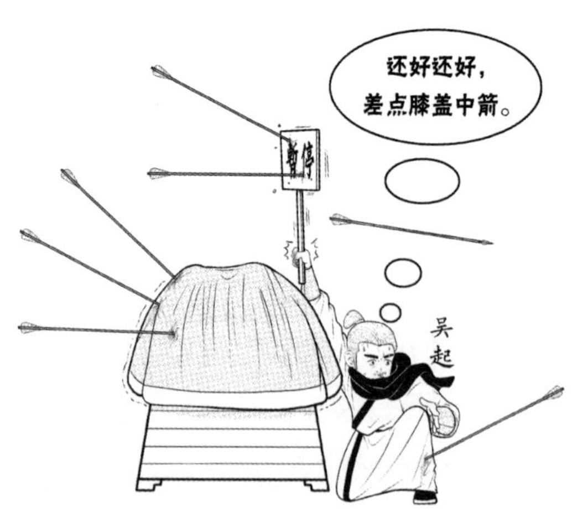
还好还好，
差点膝盖中箭。
暂停
吴起

被追杀的人是楚悼王生前
最为器重的大臣，
名叫吴起。
吴起到底做了什么事
能让这些没落贵族不顾礼仪，
在君王的葬礼上悍然行凶呢？

吴起本是战国时期卫国人，
年少时败尽家财，被邻里耻笑。
吴起一怒之下
杀了三十多个羞辱自己的人后，
告别母亲离开卫国，
开始了激荡坎坷的一生。

不为卿相，不归卫国。
只要你平安就好。
围巾你带上，冷了围上。
吴起
吴起母亲

我跟我妈的事你也管……

走你！

吴起

离开卫国的吴起先是跟随曾参的儿子
曾申学习儒学。
由于要遵守诺言，
吴起没有回到卫国为自己的母亲发丧，
因此被曾申逐出师门。
吴起转而学兵法。

学成兵法的吴起来到鲁国，
此时的鲁国正在遭受齐国的进攻。
被鲁穆公任用为将的吴起
率兵大破齐军，
获得了人生中第一次胜利。

其实第一次胜利是杀了三十多个亲爱的邻居们的那次。
吴起

怎么听说吴起为了获得鲁穆公的信任杀死了自己的齐国妻子？

经学者考证，这种说法不足信。
战国时期别说妻子，
就算是谋臣将领都有很多
来自敌对国家，
怎么会因为吴起的妻子而怀疑他？

由于荣誉来得太快太轻松，
吴起很快受到了鲁国大臣们的
非议和排挤。
鲁穆公对吴起产生了怀疑，
罢免了他的官职。
吴起不得不离开鲁国投奔魏国。

吃俺鲁穆公一腿！
呃……
不好吃……
吴起

是时候表演真正的技术了！
你看这个人中不中？
贪而好色，
但用兵如神。
李悝
魏文侯
吴起

此时的魏国正是魏文侯和李悝当政，
国力蒸蒸日上。
魏文侯得知吴起前来投奔后，
当即任用吴起为大将，
命他和乐羊一同攻打中山国。

担任将领的吴起同下级士兵同衣同食，
还为长恶疮的士兵吸吮脓水，
所以吴起手下的士兵都
拼死作战。
不久，
吴起攻取了秦国黄河以西的
大片土地。

听说吴起将军亲自给你儿子吸脓水？你儿子真牛掰。
牛掰啥子嘛，吴起以前就给孩子他爹吸过脓水，结果他爹打起仗来头都不回，最后死在了战场上，恐怕我这孩子也活不久了。

KPI（绩效）考核表
姓名：吴起
守卫西河郡期间同各个诸侯
大战76次，
全胜64次，不分胜负12次，
败仗0。

吴起被魏文侯任命为西河郡守，
管理刚刚夺取的河西地区。
吴起首创武卒制，
西河郡在他的治理下
兵强马壮、兴旺发达。

什么是武卒制?
原先的士兵来自临时动员，
兵农不分。
为了建立职业军队，
吴起制定严苛标准，
选拔精壮男子入伍。
被选拔入伍的人
全家可免除租税、徭役。
于是魏国军队一时无敌。

看咱这铜墙铁壁，
谁能打过来?
大王说得对，
咱这大河这么宽
王八成精都游不过来。
一派胡言，
根本就不可能
有王八精!
魏武侯
王错
吴起

魏文侯死后，
吴起侍奉他的儿子魏武侯。
有一次，魏武侯泛舟黄河，
巡视西河郡，认为这里山河险要，
易守难攻，吴起当即回答道：
守卫国家，在德不在险。

吴起在魏国仍然受人排挤，
他本有拜相的机会，
却因为功高盖主不能如愿，
后来又遭到公叔痤暗算
而被魏武侯猜忌。

吴起那小子恐有二心，
不如将公主嫁给他，
若是不同意，
就是不准备在咱们魏国长干。
魏武侯
公叔痤

你看我那小女儿
嫁给你怎么样啊？
人称铁臂阿铜母。
打扰了。
（臣身份低微，
担当不起。）
魏国公主
魏武侯
吴起

面对越来越凶险的政治处境，
吴起不得不离开魏国，
投奔南方的楚国。
他辛勤耕耘过的魏国西河郡，
后来被秦国的商鞅攻取。

别了，西河！
若是君侯信任我，
本可以成就一番大业。
吴起

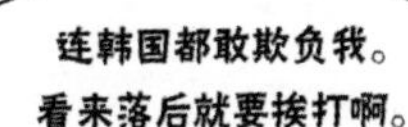
连韩国都敢欺负我。
看来落后就要挨打啊。

楚悼王
韩
赵
魏

有着独特文化传统的楚国
扎根在长江中下游，
曾经强盛一时。
但到了楚悼王时期，
贵族势力膨胀，
内忧外患不断，亟待变革。

铲史官

在楚国，
楚王必须与贵族们共同商议，
才能做决策。
贵族把持朝政，垄断经济，
为了自己的利益，不惜勾结外国，
造成楚国中央权力分散，人才资源流失。

咱们楚国这熊样，
你能不能想点办法？
那啥、那啥、跟那啥，
咱们样样都有，
那啥、那啥、跟那啥，
咱们一应俱全，
咱大楚混成这个熊样，
自有特殊国情。
另外，您是熊氏。
楚悼王
大臣

令人头秃的problem

组织上已经决定了，
就由你来当令尹，
主持变法。
开始变法！！
定当不辱使命！
楚悼王
吴起

吴起投奔楚国后，出任宛守，
在南阳地区防守韩魏等国，卓有成效，
获得了楚悼王的信任。
发愤图强的楚悼王
于是任命吴起为令尹……

令尹是个什么玩意？

令尹不是玩意，
是楚国特有的官职。
楚国不设宰相和将军，
令尹一手掌握政府和军队
两项大权，
一般由王族担任。

必须先从政治上拿贵族开刀，
改革才可能成功。
不服的问问我手中的
大宝剑。
吴起

吴起在魏国经历了李悝变法，
看到了贵族对变法的阻挠。
吴起认为，
相比于经济改革，
政治改革能更迅速地带来成果，
也能够从根本上解决
楚国面临的危机。

犯罪一时爽~~
犯完火葬场~！
楚国法制宣传二人组

吴起首先根据李悝的《法经》
制定了法律条文，
公之于众。
并通过大力宣传，
使楚国的官吏和民众人人知法。

吴起变法的核心，
在于“**损有余，补不足**”，
（减少多余的，补充欠缺的）
认为楚国之所以国弱民贫，
都是因为贵族上逼君主，
下虐民众，
所以要剥夺贵族的特权，
来富民强国。

这个锅，我背了！
楚国贵族
扑
贵族变跪族

生活
官员
工资

各家贵族为了争权，
在朝中设置了大量冗官。
吴起为了削弱贵族的政治势力，
大规模裁汰官员、削减俸禄，
节省下来的财政支出用来扩军备战。

吴起为了限制贵族的世袭特权，
宣布贵族中传续超过三代的，
剥夺其爵禄，
并且停止对疏远贵族的按例供给。
这又给国家财政减少了大量开支。

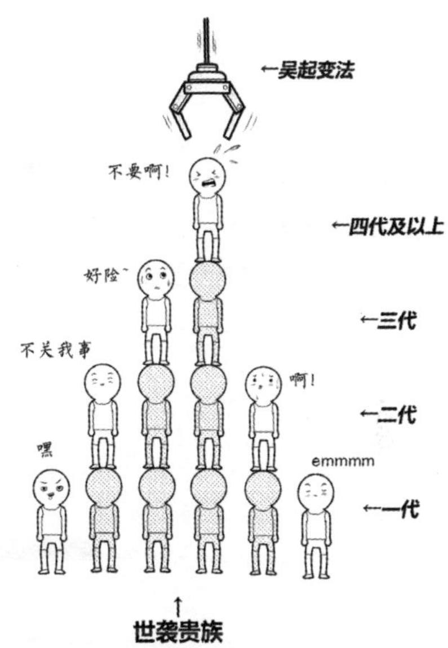
←吴起变法
不要啊！
←四代及以上
好险~
←三代
不关我事
啊！
←二代
嘿
emmmm
←一代
世袭贵族

我、曾、经
跨过山和大海，
也穿过人山人海。
我曾经拥有的一切，
转眼都飘散如烟。
迁徙的贵族

结合楚国地广人稀的国情，
为了分散贵族的势力，
吴起下令，
把大量贵族的封地及
所属人员迁走，
充实到未开发的偏远地区，
去开垦和守卫那里的土地。

针对贵族的种种政策，
使楚国政治系统
逐渐从贵族化过渡到官僚化。
加上边远地区的开垦，
楚国经济来源进一步扩大，
国力日渐强盛。

上山下乡的成果不错，
看这小康社会进度条，
咱离小康社会更近了！
楚悼王
已完成71%

这一轮廉政建设的主要目的
是净化干部队伍，遏制腐败。
吴起

吴起还在楚国开展了
一场“正风”行动。
禁止走后门托关系的歪风邪气，
惩处损公肥私、
谗害忠良的官吏，
不准纵横家到处游说，
使官吏上下一心，
为国效力。

身为军事家的吴起还将
武卒制引入楚国，
同时在楚国上下推广
更先进的筑城方法。
有了前期改革获得的成果，
楚国军队又一次显现出
强大的战斗力。

小哥哥们，
试试用四块木板筑城，
这样城墙可以更高、更结实哟。
吴起
楚国建筑工
楚国建筑工

是时候展现真正的技术了

子曰：善于治理国家的人，
不会随便更改规矩……
子曰：我没说过这句话。
楚国贵族·屈宜臼
吴起
楚国贵族

吴起的变法招致
贵族们的憎恨和道家学者的反对，
但他没有被反对者吓到，
仍然坚决地实行变法。
可是，没有经济改革做后盾，
政治改革就算在初期取得成果，
一旦保守势力反扑，
后果往往不堪设想。

在吴起的率领下，
楚国一举吞并了觊觎已久的
百越地区。
楚国势力最强盛时曾越过黄河，
凭一己之力同中原诸侯对峙。

楚悼王
咻！
咻！
咻！
咻！
咻！
咻！
咻！

我不是针对某个人，
我是说各位诸侯，
都是垃圾。

!!

但是好景不长，
楚悼王在前 381 年意外去世。
由于吴起在楚国
并没有深厚的政治基础，
贵族势力趁机反扑，
于是发生了文章开头的那一幕。

被弓箭射中的吴起无处可藏，
只能躲到楚悼王的遗体旁
寻求庇护。
但疯狂的贵族不顾礼数，
将弓箭同时射向了
吴起和楚悼王的遗体。

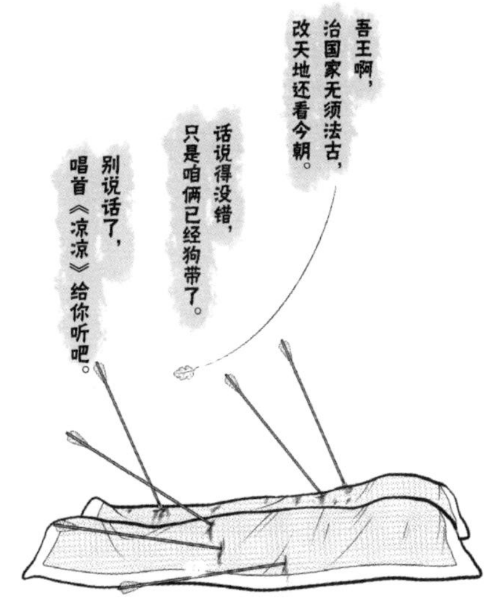
吾王啊，治国家无须法古，改天地还看今朝。
话说得没错，只是咱俩已经狗带了。
别说话了，唱首《凉凉》给你听吧。

谁都不能阻止我手中的剑！
楚肃王

楚肃王即位后，
以对先王尸身不敬为由，
诛杀了参与射杀
吴起的70余家贵族。
但楚肃王并没能坚持新法，
而是选择了与贵族妥协，
楚国变法前功尽弃。

友情提示：
如果都杀光了，
官谁来当呢？

大臣

哦！
对！

既然楚肃王能重创贵族，
为什么不能像
秦惠文王那样坚持新法呢？

这是因为楚国变法时间太短，
根基尚未巩固，
朝中新旧力量对比
没有发生根本性变化，
并没有像秦国那样
产生新的军功阶层。
既然新兴阶层不足以填补权力空白，
那么旧势力回流是必然的结果。

吴起的一生历尽坎坷，
自鲁国出仕后威名远扬，
却又屡遭排挤，处处不得志。
在楚国的改革原本大有可为，
却因为楚悼王的去世戛然而止，
不能不令人唏嘘。

读者有话说

orient

没有约束下，私心总是会压过公心的，只有把私利和公利绑在一起才能有效地遏制私心过度膨胀，而做到这一点的关键还是靠发展，改革的目的则是给发展找到出路和时间。吴起做到了前者却没有给后者找到平衡点，可惜！

未央主人

吴起是典型的只懂治国不懂修身的人物。人品太差！同时，楚国的利益阶层太强大，即便是根深蒂固如屈原者都难以撬动，就更别说他这个外来户啦！

刘宇

改革的关键是能否产生新的阶级，以及新的阶级是否处于主导地位，或者有足够力量去争取主导地位。没有，所有改革尽归黄土；有，就会产生深刻的社会变革。如果仅为现有阶层利益的转变，那只是社会秩序的调整或重整而已。

一粒微尘

改革向来是火与血之歌，普通人改革（改变）自己的思想都很困难，伟人能改革是走在当时时代的前沿，而圣人则走在了整个人类思想的前沿。

编后语

吴起之殇：触动利益比触动灵魂还难

吴起这个人以带兵成名，有军事著作《吴子》传世，后人将孙武、吴起合称孙吴，可见其军事成就非同小可。

但是军事和政治是十分不同的两个方面，军队中依靠强硬的军令能够做到令行禁止，但是政治上往往充满了不能明说却又不能不管的利益纠纷。作为一个将领，一个军事家，吴起无疑是十分优秀和出色的，但是作为一个将改革看成毕生事业的改革家，吴起又十分的落魄和失败。

吴起一生辗转于鲁、魏、楚三国，每到一个国家，开始都能得到重视，但最后又都会被同僚排挤。其中自然有吴起改革触动他人利益的原因，但是鲁、魏二国国君都对其产生怀疑，让我们不得不去思考，吴起是否有能力在充满狡诈和阴谋的政治环境中处理好人际关系。

吴起虽然汲取了李悝变法的经验教训，但是他更侧重通过重新分配利益给国家带来经济收益。无论是剥夺贵族爵位俸禄，还是将贵族迁往荒地，都只是通过节流的方式减少不必要的开支。通过将节省下来的钱投入扩军备战，楚国在极短的时间内获得了巨大成就（有学者指出，吴起入楚六年，变法可能只有一两年）。

但是吴起只看到了旧社会的弊病，对新社会却没有憧憬。类似于头疼医头脚疼医脚的变法方略并不能将楚国从分封制带到郡县制。

李悝变法中我们所熟知的各种经济改革并没有在楚国得到贯彻。没有新经济模式的生根发芽，改革往往都会沦为不同阶层互相倾轧的工具。吴起有能力破坏一个旧世界，但是没能创造出一个新世界，所以其失败也是必然。

决定战国时期社会发展的因素往往局限在三个层面：选择分封制还是郡县制是政治层面，井田制还是土地私有是经济层面，周礼还是法家或者儒家是意识形态方面。这三个层面互相影响、互相干预，牵一发而动全身。李悝触及了经济层面，吴起在政治层面下手，但是直到商鞅将法家思想树立成权威后，三方面才齐头并进。

总的来说，由于吴起并不善于处理政府中复杂的人际关系，其一生中充满了挫折和坎坷。而这个不善政治的吴起偏偏又用军事思想武装头脑，将毕生精力投入到复杂的变法活动中，结局也令人慨叹。

铲史官

商鞅

通任督二脉逆袭东方六国

商鞅变法不同于东方六国，是真正意义上全面彻底革新国家制度。

战国初年的秦国，
是一个制度保守、经济凋敝、
文化落后的国家，
由贵族领主支配国家政治，
实行井田制，
仍带有氏族社会旧习。
中原各国都将其视为夷狄。

戰國party
瘪五！
瘪四！
哪里来的瘪三，快轰出去！
不好意思来晚了，路上堵马车。
其他诸侯国
秦国
大秦

以前耕种公田，大家都磨洋工，现在要交实物税，都得好好干。
秦国农民·田田

前 408 年，
魏国攻占了秦国黄河以西大片领土。
秦国被迫施行“初租禾”改革，
农民们缴纳实物地租，
而不再耕种公田充当赋税，
土地开始私有化。

秦国经过了几代君主的努力，
国力仍然不振。
到秦孝公上位的时候，
他决心改变这一切，于是出榜招贤。
这时，
一个叫卫鞅（商鞅）的人
从魏国来到秦国应聘。

我有一计，
能保大秦富强。
秦国
出口
卫鞅
商鞅
（约公元前395年—公元前338年），
战国时期政治家、
改革家、思想家，
法家代表人物，
卫国人。

要是大王不能重用卫鞅，
那么就杀掉他，
不要让他为其他国家所用。
公叔痤

卫鞅出身卫国宗族，
推崇李悝的法家思想，
年轻时侍奉魏国国相公叔痤。
公叔痤临终前向魏惠王推荐卫鞅：
要么重用、要么杀掉他，
但魏惠王并不采纳。

有道理，
但我并不打算这么做。
嘿嘿。
魏惠王

不久，卫鞅听说秦孝公招贤，
来到了秦国。
通过宦官的引荐，觐见孝公，
卫鞅先后陈述帝道、王道，
孝公都不感兴趣，
最后阐述富国强兵之术，
结果大受器重。

我有一计，
可富国强兵。
快快道来！
卫鞅
秦孝公

所谓的帝道，就是尧、舜的治国之道，
王道就是周文王、周武王的治国之道，
秦孝公认为二者不切实际，
更希望在自己这一代就能够实现富强，
所以他对春秋五霸成就霸业的方法更感兴趣，
对富国强兵之术更是入迷。

史

铲史官

秦孝公打算任用卫鞅，
实行变法，
但是甘龙、杜挚等旧贵族
站出来反对。
双方争辩起来，
最后卫鞅力排众议。
孝公采纳了卫鞅的建议，
决心变法。

没有百倍的利益，
就不能改变成法。
扯淡！
商汤周武不遵循古法而称王天下，
夏桀殷纣不更换旧礼而灭亡。
你才扯淡！
你扯淡！
你！
你！
卫鞅
杜挚

大力出奇迹！
加油！
加油！
加油！

为了取信于民，
卫鞅在市场南门竖起一根木头，
公告百姓：
谁能把它搬到北门，就赏给黄金。
百姓们觉得可疑。
卫鞅提高金额，
有人搬走木头，当即得到了赏金。

前 359 年，
卫鞅在秦国颁布《垦草令》，
作为全面变法的序幕，
三年后大获成功。
秦孝公任命卫鞅为左庶长，
在秦国国内实行第一次变法。

注：左庶长既是爵位，又是官职，相当于副丞相。

垦草令
这……
诶？
一年前觉得新法很不方便，
一年后又觉得新法很受用。
你们究竟要怎样？
再议论就把你们发配到边疆去！
不准扰乱教化，不准妄议新法！

生产粮食布帛多的，
可免除徭役。
从事工商业贫困破产的，
连同妻子、儿女
罚入官府为奴。
秦国差役·秦快

卫鞅的新法首先是
奖励耕织、重农抑商：
增加农民数量，
使各行各业的人都从事农业，
禁止农民购粮，
改变鄙视农业的风气；
并限制商人经营范围，
加重商业税。

卫鞅登记全国户口，
把居民五家编成一伍，
十家编为一什。
让他们相互监督检举，
一家犯法，十家连坐。
不告密的处以腰斩，
告密者与斩敌首级者
享有同等赏赐。

你犯罪，
我坐牢。
你真是我的好邻居。

秦国居民的日常

穿越到秦国根本不可能，
寸步难行啊。
抓住这个住店
不带凭证的人！
铲史官
小树林宾馆
热水
WIFI
空调

新法还禁止百姓擅自迁居，
旅客住店必须持有
官府发给的凭证。
旅店不得收留没有凭证的
旅客住宿，
否则店主与之同罪。

卫鞅在李悝《法经》的基础上，
借鉴各国法律，
制定《秦律》六篇。
用轻罪重罚的原则
规范秦国人的行动，
比如在街道上倒灰，
会被处以黥刑。

呵呵
嗖——！

出门倒灰，
不小心抖了两下，
灰还未落地，
脸上已被刺字。

小爱提问

为什么在街道上倒灰，
也要判刑呢？

有多种解释，
有人认为马性畏灰，
马驹会因畏灰而死。
另一种说法是
灰烬中含有火星，
容易引发火灾。
还有人认为，
灰烬是重要的肥料，
不能浪费。

秦国建立了20个等级的爵位制，
按斩敌首级多少授予相应爵位，
按爵位高低赐给大小田地，
没有斩获者要受罚。
军队按五人编制，
一人临阵脱逃，其余四人连坐。

哪里有人头，
哪里就有我们兄die五个！
秦军小队五人组

没脑袋，没军功，
饭都快吃不上了，
再也不能炫富了。
旧贵族

卫鞅废除了卿大夫世袭制，
贵族没有军功的，不能享受特权。
加重贵族的赋税徭役，
限制其豢养门客。
严厉惩罚贵族间为争夺土地、
财产而进行的聚众私斗。

新法推行以后，
旧贵族的特权大打折扣，
一些贵族带头违法，
连太子驷也触犯了新法。
虽然不能给太子上刑，
但卫鞅分别用劓刑和黥刑
处罚了太子的两位师傅。

史上最倒霉太子师傅二人组
公子虔
公孙贾

戰國party

欢迎欢迎！
其他诸侯国
秦国

在处罚了一批顶风作案的贵族后，
新法得以顺利推行。
秦国开始强大，
先击败韩国，
后与楚王联姻、与魏王会盟，
结束了中原诸侯长期不与
秦国会盟的局面。

变法2.0开始！

前350年，
秦国把国都从栎阳
（今西安阎良区）
迁到咸阳（今咸阳东北），
按照鲁、卫等国的国都规模
营造宫阙城池。
随着新都的兴建，
卫鞅开始了第二次变法。

再也不用每三年换一次田、
搬一次家了。
旺德福！
小田田全是我的了！
秦国农民・田多多

秦国原先有一种爰田制，
以三年为周期，
把土地分给农民耕种，
三年后收回土地，
重新分配。
卫鞅规定不必每三年将土地交还。
这样一来，
土地就彻底私有化了。

卫鞅废除原有的井田制，
重新划分全国的耕地，
去除标志着贵族领地范围的
阡陌封疆。
将贵族手里的闲置耕地
收回国有后重新分配，
允许土地自由买卖。

挖田垄、破土墙、收闲田，
讲究！
哐里！
哐啷！
拆
秦国农民

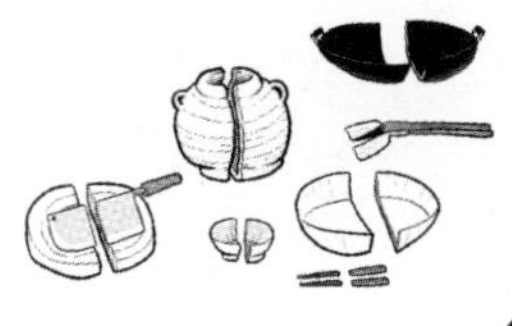

分 家

消灭啃老族，增加纳税人数。
做我大秦的纳税好公民哟~
卫鞅

新法还推行以小家庭为单位的
土地所有制。
规定如果户主有两个儿子，
成年后必须分家，
否则加倍征税。
并且从公元前 348 年开始，
向土地所有者征收户口税。

卫鞅为什么要强迫百姓分家呢？

原因有三：

一是迫使成年男子独立谋生，增加劳动力，扩大户口税和兵役、徭役的来源；

二是防止大家族族长掌握土地分配权，方便国家统一分配土地；

三是革除秦国落后的戎狄旧俗，防止父子兄弟同室居住，以避免乱伦。

多亏前些年卫鞅制定的新法，要不我哪能管县里面的事儿。

秦国·某县县令·史喜
秦国·喜之猫·睡地虎

卫鞅新法还推行县制，
将秦国所有村庄合并为41个县，
由县令和县丞掌管全县政事，
县尉处理县内军务。
这样就把贵族领主的特权
收归中央，
加强了中央集权。

卫鞅变法前，
秦国各地度量衡不统一。
为了方便征收赋税，
卫鞅统一了
斗、桶、权、衡、丈、尺等单位，
颁布了标准的度量衡器。

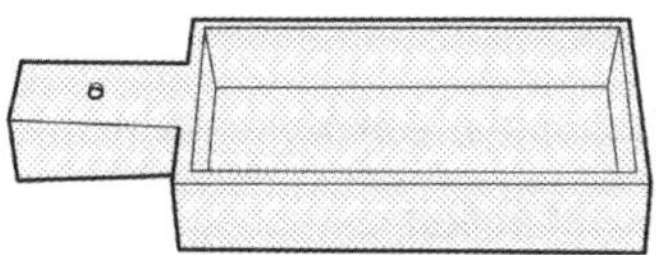

战国商鞅方升

(现收藏于上海博物馆)

高 2.32厘米，通长18.7厘米，容积202.15毫升。

除了读我规定的法律，
不准你们读
这些乱七八糟的书！
（铲史官的书除外。）
卫鞅

为了统一思想明确法令，
卫鞅下令
焚烧《诗经》《尚书》
及诸子百家著作，
因为这些著作多推崇复古，
不利于推行新法，
并同时杜绝走后门的私人请托，
禁止他国士人
通过游说获得官职。

官官你又擅自加词儿。

嘻嘻。

在秦孝公的全力支持下，
卫鞅得以顺利推行
经济、政治、军事、社会、文化
的全方位改革。
数年后，
秦国经济繁荣，君权集中，
军队强大，社会安定。

当霸主的感觉，真爽咧！
——秦孝公
社会！社会！
赋害！赋害！

秦
以努力耕种为荣，以偷懒懈怠为耻，以斩敌首级为荣，以临阵脱逃为耻……
——卫鞅

在卫鞅治下的秦国，
只有两件事最光荣：
一是作战，二是种田，
其余的文化、娱乐活动
都被禁止。
经过卫鞅的改造，
秦国已经成为一架
强大的战争机器。

秦国变法成功后，
首要任务是收复被魏国侵占的
河西领土。
秦孝公任命卫鞅为主将，
趁魏国在桂陵、马陵
被孙膑指挥的齐军打败之机，
攻打河西地区。

注：黄河以西、北洛水以东，
就是河西地区。

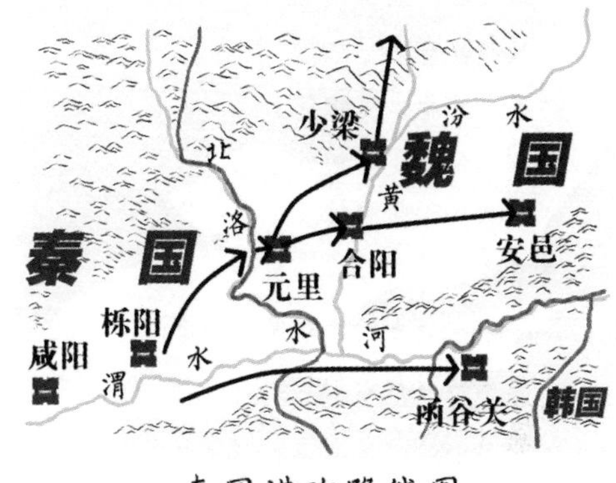
少梁
汾水
魏国
北
黄
洛
秦国
元里
合阳
安邑
栎阳
水
河
咸阳
渭
水
函谷关
韩国
秦国进攻路线图

不听老人言，吃亏在眼前。
真后悔当初没有听公叔痤的话，
肠子都悔青了！
魏惠王

卫鞅用计俘虏了魏军主将公子卬，
击败了魏军，
迫使魏惠王割让河西地区。
商鞅因战功获封於、商（今陕西丹凤）
等十五座城邑，封号商君，
从此卫鞅也被称为商鞅。

商鞅在秦国执政21年，
政绩显著，
他自己也很飘飘然。
但是他的变法招致了
贵族的广泛怨恨。
后来，
一个叫赵良的人劝他急流勇退，
但未被商鞅采纳。

我跟春秋时期辅佐秦穆公的
百里奚相比，谁更有本事？
（快夸我！使劲夸！）

就您还跟百里奚比？
百里奚施行德政，
您却用严刑酷法把人得罪光了。
我劝您赶快隐退，否则小命难保。
（人心尽丧！）

商鞅

赵良

这位客官，真是抱歉，
没有身份凭证无法入住哦。
这是商君新法规定的。
我家男人白斩棠就因为
收留铲史官被抓充军了。
不管你怕不怕，
反正我是怕了。
今日客满
大床房：已满
双床房：已满
小树林宾馆
前台

前338年，秦孝公逝世，
太子驷即位，
是为秦惠文王。
贵族诬告商鞅谋反，
商鞅被迫出逃。
他逃至边关，想住旅店，
却未带身份凭证，
店主害怕连坐而不敢留宿。

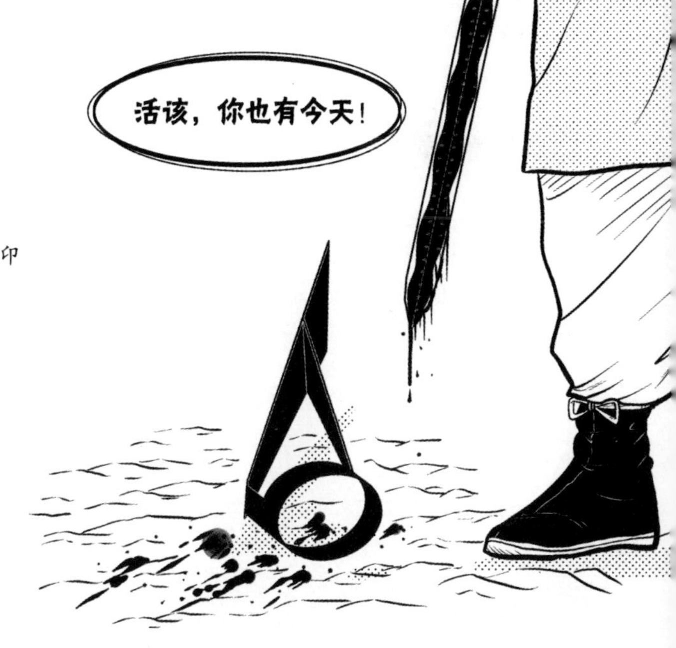
活该，你也有今天！

商鞅逃到魏国，
魏国人痛恨他生擒公子卬
而将他驱逐出境。
商鞅逃回自己的封地，
举兵对抗惠文王，
结果兵败被杀，
尸身被带回咸阳，
处以车裂之刑。

注：“车裂”并不是用车、马撕扯活人，而是用刀、斧等利刃肢解犯人的尸体。

秦惠文王处死商鞅，
既是出于私怨，也是为了集权。
但他却认同变法的成效，
继续沿用其法律。
秦国经过6代君主的努力，
最终统一了天下。
秦始皇在商鞅法律的基础上，
创建了一整套中央集权帝制，
影响了后世两千多年。
但严苛的法律，
也是导致秦朝速亡的主要原因。

读者有话说

刘大白呼

商鞅虽以法制而闻名，但商鞅的法制不是现代意义上的法治。商鞅之法出于帝王，施于百姓，以律令为核心，目的是通过“法”来把社会管理成统治者希望的样子。而现代法治之法是社会公约，出于民主协商，目的在于保护公民权利，法治在乎的是法律的制定和施行，制定是重中之重。法制之法是手段，而法治之法是目的。

约克郡检察官

从出土的秦简来看，秦律整体上没有我们想象的那么残酷，那么无道，而是法制严密，法条充实，如制造弩机要实名，出了问题要承担个人责任，即使惩戒也严格遵循法律办事，不然官员同样要受到惩罚。还有告密制度，要准确揭发，不然同罪惩戒，怎么会人人想着告密呢？古代交通不方便，不像现在报警那么方便，不用连坐法，杀人犯跑了，没人去举报，不及时惩戒犯罪肯定不利于社会稳定。

鹰击长空

商鞅变法从一开始就是一次冒险犯难。秦人有血性，无规矩。商鞅为他们制定了规矩，然后又用自己的鲜血进一步涵养浇灌了秦人的血性，于是，秦人就变得更加刚烈了。商鞅身体被撕裂，也预示着秦国与旧制度的彻底决裂，因此，他的死不仅是一种仪式，更是一个境界，百世之后，仍让人感奋不已。

编后语

改革风云激荡的战国时代，秦国凭什么笑到最后？

战国中期，各国都在推行变法，主要内容都差不多，但是卫鞅的变法最全面、最彻底，收效最显著，是各国变法的集大成者。

战国时期的变法浪潮，主要是变革西周以来的宗法贵族制度。西周克商以后，建立了一整套统治制度：以血缘亲疏辨别尊卑的宗法制度、以礼仪规格强化等级的礼乐制度、自上而下分封土地的封建制度、土地所有权国有的井田制度。

在周朝的制度下，虽然投胎技巧决定人生高度，但无论身处哪一等级，都有一整套礼制来约束人的行为，来保证其履行所属等级的义务。礼制对人行为的规定和约束十分严格，但并无强制手段来保证其得到遵守。如果有人违反礼制，轻则受到其他人的规劝，重则遭到全社会的谴责。

周朝刚刚建立的时候，经济水平很低，虽然社会地位有尊卑，但是总体上贫富差距不大。贵族们待遇不高，责任却不小，所以下层士人犯不上冒着被全社会谴责的危险去挑战等级礼制。各级贵族也大多都有足够的威信和担当，能够得到下级的尊敬和支持。

可是几百年后，随着经济的发展，高级贵族们享受的待遇越来越高。一方面引发了低级贵族的不安分；另一方面，周天子和许多诸侯也越来越缺少威信，难以履行职责。所谓上梁不正下梁歪，下面的贵族也就越来越有胆量挑战礼制了，规劝和谴责都慢慢失去了威力。

在天下层面，原先周天子有足够的实力镇得住各国诸侯，王室东迁后，周天子威信扫地，实力缩水。这就导致诸侯之间难以保持和平，强国吞并弱国，大国欺凌小国。某些诸侯越来越强势，敢于挑战周天子的权威、代行周天子的职能。各诸侯国为了生存，纷纷寻求富国强兵。

在各诸侯国内部，随着礼制的崩坏，一些贵族失去了约束，趁机坐大。因为礼制能规定其特权，却无力保证他们履行义务，某些国家的贵族甚至大有取代国君的势头。在底层社会，一些新兴阶层越来越富有，渴望得到相应的社会地位。

既然礼制不管用了，各诸侯国就必须建立新的统治秩序。这时候，法制就登上了历史舞台。法制相比于礼制，对人行为的约束要宽松许多，但是却有强制手段保证其得到遵守。用法制来取代不适用的礼制，就是战国变法的实质。

而诸侯国要想富强，就必须用法制来集中国君的权力，削弱坐大的贵族，开放新兴阶层的上升通道。具体措施就是树立法制的权威，剥夺贵族的特权，奖励新兴阶层。而贵族们为了维护其特权，会不断以身试法。因此，能否成功树立法律的权威，就成为变法成败的关键。

战国七雄先后变法图强，但由于各国国情不同，施行情况各有不同。

由于魏国的地缘四面受敌，强烈的忧患意识迫使魏国率先变法。李悝完成了魏国在经济、政治领域的改革，吴起完成了军事领域的改革。

但是魏国为了减少变法阻力、平衡新旧势力，没有废除世袭贵族封建制，从而导致新旧贵族联合，形成了利益共同体，堵塞了人才上升通道，导致吴起、卫鞅、范雎等变法人才外流。另外，长期的霸主地位也使魏国失去了忧患意识，改革最终半途而废。

在战国七雄中，楚国旧贵族最强大、最顽固，造成楚国政治制度僵化，中央权力分散，人才资源流失。在楚悼王的支持下，吴起推行的新法招招打在楚国贵族的要害上，所以他们对吴起恨之入骨。楚悼王一死，吴起就被杀害。楚肃王虽然诛杀了参与射杀吴起的七十余家贵族，但他并没坚持新法，而是选择了与贵族妥协、共存。

这是因为，楚国变法时间太短，朝中新旧力量对比没有发生根本性变化，并没有像秦国那样产生了新的军功阶层。既然新兴阶层不足以填补国家动荡留下的权力空白，那么旧势力回流就是必然的结果。

齐国原有的制度比变法前的各国都要先进，其他国家的很多变法内容，齐国早在管仲时代就完成了，所以齐国用不着大规模变法，只需要广开言路、重用贤才、整顿吏治。田氏代齐以后，很多旧贵族随着姜姓的倒台而灭亡，这样就造成齐国王族始终一家独大。

虽然王族独大比各家贵族共治更有利于集中社会资源、稳定统治秩序，但由于田氏过于小心防备他人重演“代齐”，不愿废除王族特权，导致新兴阶层难以登上政治舞台，君权也难以进一步集中。

另外，齐国特殊的五都制，也造成齐国的中央集权不及变法后的各国强大。一向先进的齐国缺少忧患意识和后发优势，逐渐被变法后的诸国所超越。

申不害是法家“术”派的代表人物，主张君主以权术统御群臣。他在韩国推行的变法，走的是术治路线，让臣子之间互相监督，来巩固君主的权力，整肃吏治的腐败。但由于申不害过于强调权术，导致法制不立，逐渐使韩国陷入君臣内斗的泥沼。再加上外来战争的干扰，韩国变法难以为继。

赵国的外患比其他各国都要严重，所以其改革的主要方面在于军事，即赵

武灵王的胡服骑射。但在军事改革取得显著成效后，并没有适时推动其他领域的改革，也没有撼动贵族的核心利益——世袭封建制。这样也就造成赵国没有多余的土地来分封有军功的将士，新兴的军功阶层无法真正形成。

燕国的图强虽然也有制定法律、考核官吏、任人唯贤、奖励守法等改革举措，但主要局限于求贤和强兵，目标在于向齐国复仇。尽管依靠乐毅取得了辉煌的军事胜利，但变法缺少指导思想，图强缺少制度创新。

而秦国商鞅变法不同于东方六国，是真正意义上全面彻底革新国家制度。废除世卿世禄、井田制，解除了贵族的政治、经济特权；奖励军功、允许土地私有化，催生了新兴阶层的勃兴；实行县制、编制户口、推行小家庭制，加强了中央集权。

商鞅变法使秦国新旧力量的对比发生颠覆性的逆转，朝廷依靠军功阶层和东方各国的贤才填补了权力空白，完成了大换血，从而巩固了新法的权力基础。正因为如此，后来的秦国君主才会不间断地把新法推行下去，最终完成了统一天下的大业。

铲史官

晁错

身陷旋涡、委屈至死的改革硬汉

他不会想到，他会在巨大的政治旋涡中死去，
而且是以这样悲惨的方式死去。

铲史官

工作做得真漂亮。
所以送你一样东西，
送你去死。
Kindy，你……
汉·景帝·刘启
汉·御史大夫·晁错

——你的良心不会痛吗？
——不仅不会，还美滋滋啊。

晁错是西汉文帝、景帝时代
的著名改革家。
他的改革引发了七国之乱，
客观上削弱了诸侯王的势力，
加强了中央集权，
而他自己却成为了改革的牺牲品。

此县颇为壮观！
现在有多少户口？
不许上网搜索哦。
前朝（秦）的时候有三万多，
现在只剩下五千。
御史
刘邦
唉。
刘邦巡视曲逆县图
5马力
哒哒哒哒——！！！

前200年，
晁错出生在颍川郡（今河南禹州）。
那时正是汉朝初年，
天下刚刚从战乱中走出，
需要休养生息，恢复元气。

刘邦建国之初，承袭了秦朝的制度。
但为安抚各方势力，
执行时走的是中间路线，
实行郡县制、军功爵制和封建制
并行的制度，
部分地维护了大一统格局。

秦
郡县制度
军功爵制

汉
郡县制度
军功爵制
封建制

周朝
天子
诸侯
（国君）
天子是什么？我只服从君命。
卿大夫
（诸侯臣属）

汉初
皇帝
诸侯
（王）
虽然你是王，但是不准你胡来哦。
国相
（中央委派）

刘邦在铲除掉反复作乱的
异姓诸侯王后，
对刘氏诸侯王也有所牵制。
诸侯国的相国等部分官员，
由中央委派，
并且境内实行郡县制度。

汉初的政治利益集团里有
皇室、外戚、军功集团、诸侯王
四股势力。
各方大神都不能得罪。
无奈之下，
汉朝只能启动“无为而治”的
治理模式。

嗨，我是刘邦，
大家都不用慌，
我不折腾你们，你们也别折腾我。
朕无为而治，咱相安无事。

谁翻白眼了？
谁翻了？！
大汉·诸侯白眼状元·刘白

尽管有中央的牵制，
但诸侯王仍然拥有高度独立的
行政、经济和军事权力。
地方势力逐渐膨胀起来。
不高兴时，
对汉中央也是经常“翻白眼”。

政治上无为而治，
民间经济趁机快速发展。
地主豪强和商人大贾，
跑马圈地，聚敛财货，肆意壮大。
可汉朝中央并不
乐意大量财富流入私人腰包。

汉初·富人·钱多多
叮！

钱的味道我知道

汉·文帝·刘恒

拒绝事儿妈

吕后当政时，曾改变政治格局，
结果吕氏家族被各路大神
灭得一毛不剩。
代王刘恒被拥立为汉文帝，
看到吕氏的下场，
他立志当一个“不事儿”的
好皇帝。

啊！被拒绝了！
事儿
事儿妈

年轻学者贾谊建议皇帝
削弱藩王、重视农业、增加积蓄，
但没什么有效手段。
而晁错建议朝廷通过
售卖爵位来收购粮食，
适当提高粮价，
从而实现重农抑商。

凡是送100石粮食去边塞的，
赐爵一等。
不用加班，不用跳槽！
实现人生大转变！
汉朝·官吏·杨咩咩
哐当！

贾谊的“药方”温和却不治病，
晁错开出的药方，效果奇佳。
鲁迅曾评价
“贾生之言乃颇疏阔，
不能与晁错之深识为伦比”。

长沙刚刚到，
感觉不太妙。
看到猫头鹰，
我快死翘翘。
咕咕day！
贾谊
長沙臭豆腐

贾谊的提议招致各方势力的痛怼，
汉文帝只得将他贬黜到南方，
省得被他拖到沟里。
但文帝听从了晁错提出的政策建议。

耶！
妈妈再也不用担心我
交不起税去卖地、
融资（借高利贷）了！
汉朝·农民·花香菜

来自汉朝的嘻嘻嘻

晁错的主张，
既能使国家获取更多粮食，
又能争取到底层农民的拥戴。
关键是，
严重打击了豪强大贾和
军功集团的政治地位，
凸显出皇权的崇高地位。

晁错年轻时，
曾跟随张恢学习法家刑名之术。
后来应文帝招募，跟随济南伏生
学习儒家经典《尚书》。
从晁错的政治主张来看，
他属于法家。

父亲高龄，
口齿不清，
托我传话，
让你阅读，
并
背诵全文。
呃……好的……
汉初·儒生伏生之女·羲娥
晁错
尚書

有了智囊，
万事不慌。
刘启
晁错

确认过眼神，
遇上对的人。

晁错学成归来以后，
受文帝任命，
辅佐太子刘启。
晁错向太子陈述了各种
治国之道。
由于他能言善辩，
善于分析问题，
深得刘启信任，
被誉为“智囊”。

晁错首创移民屯田戍边的办法，
解决边患问题，被文帝采纳。
他还主张对匈奴作战中，
器械要坚固锋利，士卒要精兵劲卒，
将领要懂军事，君主要择良将。

就近解决军粮、兵员问题
战时当兵
变身！
平时种田
鼓励百姓开垦边疆

哼！
↑最怕突然上扬的嘴角
一削解千愁！
今削之亦反，
不削亦反。
削之则祸小；
不削之则祸大。
为何不削他个
痛痛快快，
利利索索！
晁错

刘启登基后，为**汉景帝**。
晁错作为景帝的心腹，
建议他及早对诸侯王“动刀子”，
景帝刘启采纳晁错的意见，
宣布按照诸侯王罪过的大小削夺其封地。

叭！
干得漂亮，
Kindy我只有一个疑问，
先削谁？
汉景帝

铲史官

楚王刘戊在为薄太后服丧期间，
乱搞男女关系，被人告发，
论罪应当处死。
虽然最后免了他的死罪，
可楚国的东海郡被中央收回。

别拍了！
根本不是你们想象的那样！
我……我们在交流
工作经验！
●REC
大汉法制在线
汉·楚王·刘戊

天上的星星不说话……
呃~参北斗啊，
说走咱就走哇，
你有我有全都有啊~
路见不平一声吼哇，
该出手时就出手！
汉·吴王·刘濞

随后，
赵王、胶西王的部分封地
也被以各种罪名削去。
各个诸侯王深感屠刀已递到眼前。
实力最强的吴王刘濞，
主动联络诸侯王结盟。

前154年，
朝廷下令削减吴国两个最富裕的郡（豫章、会稽）。
已经62岁的刘濞彻底恼怒，
马上联络其他诸侯王，
以“清君侧，诛晁错”的名义造反。

打起来了打起来了，
有好戏看了！

胶西
胶东
济南
刘濞

由于几个诸侯王临时“掉链子”，
最终起兵的只有七个诸侯王。
刘濞又联络南方的东瓯、闽越和北方的匈奴，
使汉朝彻底陷入内外交困的险境。

打架能解决的事，
吵什么呢？

吴王和楚王率军进攻梁国，
胶西王、胶东王、
淄川王、济南王
进攻临时毁约的齐国。
梁王刘武是景帝的亲弟弟，
在国都睢阳城下和吴楚联军
打得昏天黑地。

梁国・国都・睢阳城
这battle得惨烈了点啊。
是啊，
还是和平好。

西汉・名将・周亚夫
全军出击！
函谷关

七国之乱的消息传入中央，
景帝任用文帝器重的
名将周亚夫，率军出击，
又任用郦寄、栾布和窦婴
协助平叛。
准备在齐地和梁地，
与叛军展开殊死决战。

晁错公布削藩令以后，
他的父亲特意从老家颍川赶来，
前来劝阻晁错，
但是晁错没有采纳，
于是他父亲服毒而死。
十多天后，七国之乱就爆发了。

你为什么要离间刘氏的骨肉，
给你自己招致怨恨呢？
不这样做，
天子就得不到尊崇，
国家就得不到安宁。
刘家的天下安宁了，
而我们晁家却
要狗带了。
晁父
晁错

叭！
袁盎

一首《凉凉》送给你

窦婴出发前，
和一个叫袁盎的大臣密谋：
杀掉晁错，让叛乱失去借口。
晁错为人苛刻，与两人关系都不好。
不久，袁盎向景帝献策，
并支开了一旁的晁错。

看书看不进去，
减肥减不下来，
赚钱赚不上去，
国家也变成这个样子，
我只能试试了。
这很划算啊，
万一成功了呢？
汉·景帝
大臣

景帝觉得袁盎的建议好像有道理。
不久，丞相、中尉、廷尉联名上书，
建议将晁错满门抄斩。
皇帝在内外压力下，
不得不试试这个办法。

您人生的
旅行终点到了。
请您下车
驾鹤归西。
汉·中尉·姚尼命
東市
没有一点点防备，
也没有一丝顾虑，
你就这样出现，
在我的世界里，
带给我死亡气息……
豪华头等VIP包厢
晁错
唉，
大限之日到矣。
那就这样吧。

这一天，
皇帝派人去请晁错
和他一起乘车去巡视市集。
晁错穿着朝服，乘车到达东市后，
突然被抓起来，处以腰斩之刑。
紧接着，晁错全族都被诛杀。

袁盎曾是吴国的官员，
受命去告诉刘濞，晁错被诛杀。
可刘濞深知中央和诸王之间是
“零和博弈”，
无法走回头路。
晁错算是白死了。

没办法了，
就算没了借口，
造反也必须进行到底！
刘濞

晁错削藩是关乎万世的好事。
刚开始实行，竟遭到杀戮。
对内堵塞忠臣之口，
对外反而替诸侯报了仇。
这样做实在不足取。
不足取啊！
不足取！
景帝
邓公

汉景帝听了也沉默

景帝召见了一位从前线回来的军官邓公，
问他叛军可曾撤退，邓公回答说：
刘濞蓄意谋反几十年，
诛晁错只是借口。
景帝十分后悔杀害了晁错。

今晚让你嗨上天。
哟呵！ nice！
有点羞羞地期待哦！
不过你身后那个是啥？
水果刀，等下削你……
削水果给你。
请不要在意这些细节啦！
汉·吴王·刘濞
东越人

三个月后，
周亚夫切断吴楚联军的后勤补给，
吴楚联军被打败，
七国之乱被彻底平定。
吴王刘濞逃到东瓯，
却被见风使舵的东越人给诱杀了。

你终于可以闭眼了！
滚！
推恩令
诸侯王将
将自己的封地
分给自己的子弟。
噼里啪啦——！

七国之乱平定以后，
诸侯王尾大不掉的局面
得到有效扭转。
随着汉武帝施行
“推恩令”，
诸侯王彻底失势，
中央集权得到加强。
晁错也算是死得其所了。

读者有话说

夜袭面包店

汉景帝本人性格不好，当年做太子的时候打死吴国太子就是祸根之一。如果没有打死吴国太子，六十多岁的吴王不会想要到老了造反。吴国面对削去两郡的处罚可能还是和楚、赵等国一样认了。因为吴王可能考虑到自己后代的未来，会选择忍受。但是有杀子之仇，那就要在临死前报复一把。

最光阴

晁错的主张符合汉景帝的需求，但是没做好万全之策。未虑胜先虑败，先想到诸侯王叛乱如何应对再说，可是他没有，想得太天真，所以说冤也不冤，作为谋臣没有考虑万全就是错啊。这对我们每个人都是教训，做任何事要想好最坏情况。

斗转星移

晁错治汉的中心思想是“攘外必先安内”，事实证明这个中心思想是对的，只是晁错是在汉景帝军事力量准备不足的情况下实行削藩，汉景帝面对亲贵压力态度坚决，但是面对藩王军事压力准备不足，此时朝廷亲贵借机就势，使得汉景帝下定决心弃卒保车。所以晁错的经历也是悲剧的。但晁错的政治命运比商鞅要好很多了，至少没被直接抛弃。

肇正

触动利益比触动灵魂还难，没有身死族灭的准备，也不可能有直面既得利益集团、推进改革的勇气，更不可能有好的结果。我是相信晁错对自己结局有心理准备的，他靠辅佐景帝起家，怎么会不了解景帝的性格！不过以前不知道的是，吴王刘濞居然还勾结了匈奴等一干汉朝外部死敌共同起兵，真算得上是卖国级的干部了。

云山雾罩

从前读晁错的《论贵粟疏》，他将汉朝当时面临的困境分析得鞭辟入里，对贫困百姓给予深切的同情，我感觉那时的晁错充满理想、精明干练而且脚踏实地。而削藩时的晁错，在吴王叛乱后进退失据，昏招迭出。他说过“今削之亦反，不削亦反”，可见他是预料到削藩的后果的，并没有侥幸心理，可面对可能性极高的叛乱，政治准备、军事准备都没有。我的感觉是：这个时候的晁错是写就《论贵粟疏》的晁错吗？怎么应对叛乱的能力和安史之乱时的杨国忠是一个水平的？

原大侠

晁错本人懂法而不知权术，急功而不明循序渐进，古有纵横之术、远交近攻之策而不用，打击敌人偏行险招，先得罪老三老二，最后才击打老大，活该活该。不通“擒贼先擒王”的道理，只因一介文人出身，青年已为太傅之尊位，缺乏基层摸爬滚打、尔虞我诈之历练。晁错在众王欲反时口出狂言，真是明知山有虎偏向虎山行，真真分辨不出是豪气还是愚昧，你的刀呢？还没磨好吗？勇敢地送人头？

被腰斩的瞬间，晁错后悔为汉景帝削藩吗？

汉朝是在秦朝的废墟上建立的王朝。其开国皇帝刘邦出身低微，尽管雄才大略，但进入和平时期后，也不得不向身边的各个利益集团妥协。在他和他身后的汉朝，逐渐形成外戚、军功集团、诸侯王和皇族四个利益集团。

各方势力犬牙交错，汉中央想在短时期内建立大一统的政治构架和皇权专制体制，显然是不可能的。所以，在各方利益博弈后，形成均衡状态，汉初的政治则进入守雌状态。黄老之学自然成为汉朝初期被大家遵从的学说。这个学说不主张积极的政治作为，而是维持利益平衡，遵从自然规律，弱化人为设计，秉承道法自然。

政治上风平浪静，对外自然也是无所作为。面对来自匈奴的军事压力，汉朝拿出和亲的外交手段，争取更长的和平发展的时间。

这样的政治格局和姿态，对社会经济发展是有利的，更是符合百姓需求的。所以，汉初的几十年间，经济社会发展取得了显著的进步。国家逐渐从秦末战争中走向复苏、发展之路。

但各方政治势力在此消彼长中，客观上影响了皇帝权威和集权统治。长此以往，如果皇权没有获得实质性的巩固和加强，地方势力在竞争和集聚中，会逐渐形成对皇权的反制。汉朝最终变成周朝，国家重新回到春秋、战国时代的模样，也不是不可能的。

晁错继承贾谊的政治观点，通过“纳粟授爵”，打压了军功集团和豪强大贾的政治势力。之所以要打压商人的政治地位，主要是因为商人通过贸易手段集聚财富的速度和能力很强，容易形成地方势力。一旦有钱的商人和地方政治势力勾结，挑战中央权威，中央很难压服。

晁错的这一改革主张非常见效，且没有引发社会和政治问题。毕竟这一主张能够得到人数更多的农民的拥护。但对诸侯王势力的打压，却出现巨大问题。

后世研究者认为，晁错过于着急削藩，缺乏政治智慧，而汉景帝又是一个刻薄少恩的君主——他杀晁错受到后世很多人的恶评，晁错被认为死得委屈。而苏轼认为，晁错自身问题才是悲剧发生的关键。他在《晁错论》中指出，晁错引发大乱却无应对之策，而危亡关头又把危险推给了天子。他的下场也是命中注定的。司马光也有类似的观点。

晁错的政治主张和思想属于法家学派，包括维护皇权专制，以利益诱导人的行为，以严刑峻法规范人的行为，积极进取，不师古，敢创新，等等。但他在处理复杂问题时表现出的坚韧果敢却走向了极端，变成了一意孤行、孤注一掷。最终把汉王朝拖进了战乱的泥沼。

从大的历史观看，七国之乱是封建制对君主专制制度的最后一次反击。这次反击的失败对后世的影响是巨大的。中国从此再也没有出现封建制的复辟，君主专制制度始终作为主流的制度延续下来，而封建制度则作为陪衬，它的本来面目逐渐被大家遗忘了。

晁错代表君主专制制度向封建制度发起挑战，他个人失败了，但他代表的制度却取得了胜利。也许，他当初也并不清楚，自己的主张是否真的能够实现，正如他不会想到，他会在巨大的政治旋涡中死去，而且是以这样悲惨的方式死去。

铲史官

汉武帝（上）

打怪升级的集权之路

每打败一个利益集团，汉武帝手中的权力就更加集中，就距离他实现击败匈奴的目标更近一步。

前 141 年，
年仅 48 岁的汉景帝刘启
撒手人寰。
临死前，
景帝提前给太子**刘彻**
举行冠礼。

刘彻，你成年了，
你要撑起大汉的天下。
汉·景帝·刘启

我给你留了一个帝国

诶？
你就给我留了个
远游冠啊。
刘彻
我还是个孩子啊。

这一年，
刘彻才刚刚 16 岁。

冠礼是古代男子的成年礼，
一般在男子20岁时才举行。
汉景帝提前给刘彻举行冠礼，
是希望他尽快成长起来，
承担起统治汉朝的重任。

景帝留下的是一个
蒸蒸日上的帝国，
但也有一系列内忧外患。

这些混蛋！
把帝都的房价都
搞得下降了！
刘彻
叭！

汉朝的**外患**，
主要是北边的**匈奴**。
他们屡屡入侵边塞，
掠夺人口财产，
甚至威胁帝都安全。

PK
汉武帝
权贵势力

汉朝的**内忧**，
是掣肘皇权、垄断资源的
各种势力，
包括**外戚、藩王、军功阶层和地方豪强。**
愣头青刘彻得经过一系列打怪升级，
才能成为武功赫赫的“武帝”，
成就当时世界上最强大的西汉帝国。

ROUND1
打怪升级第一关：外戚
外戚头上动土，
我看你是不想活了。

快快进来。
我得宠，
我们全家都要跟着吃香喝辣。
此乃一人吃饱全家不饿。
后门
内廷
外朝

外戚就是后妃的娘家人。
虽然汉初吕后专权遭到了剿灭，
但是汉朝一直就有
后宫干预朝政的传统，
得宠的后妃到处安插自己娘家人，
势力遍布外朝和内廷。

后门走一走，
什么全都有。

yoyo,hi man~
我无为，而民自化；
我好静，而民自正……
老子这话，
正好diss你的多动症。
想让我做个安静的美男子，
没门！
刘彻
窦太后

你的举动很危险啊，年轻人！

汉朝此前奉行
“无为而治”的国策，
皇权一般不主动
激化和利益集团的矛盾。
但是刚刚即位的刘彻，
显示出精力过剩的折腾劲，
引起了各路势力，
尤其是实力最强的
窦氏外戚的不满。

喵！
（安静的美男子？
难道在说我？！）

老师，
明堂到底应该怎样建？
明堂？我看没啥名堂。
改革时机还不成熟，
你们先停工吧。
赵绾
王臧
明堂一期工程
明堂一期工程

刘彻被主张积极进取的儒家所吸引，任用儒生赵绾、王臧，准备改革，
主要内容是
建明堂、行封禅、易服色、兴礼乐，
但改革的真实目的是
尊崇儒家，贬斥道家。

儒生华而不实、
空谈误国，
你这碗水还浅着呢！
明堂一期工程

没过多久，
改革就遭到了太皇太后窦氏的严厉打压。
窦太后是刘彻的祖母、
汉朝实际上的最高统治者，
她推崇黄老之术，讨厌儒家。
刘彻为自己的轻率付出了代价。

经历了人生低谷的刘彻，
性格更加沉稳。
五年后，窦太后逝世，
刘彻开始接管朝政。
然而他的母亲王太后，
联合她同母异父的弟弟田蚡，
试图把持朝政。

这是我保举的官员名单，
请皇上恩准。
舅舅你还有完没完，
能不能给我留几个空缺？
刘彻
田蚡

汉武帝
我就静静地看着你们互撕

四年后，
田蚡和窦太后的侄子、窦氏外戚的
领袖窦婴矛盾升级，
展开火拼。
火拼的结果是，
窦婴被田蚡陷害，
遭到诛杀，田蚡惊惧而死，
窦、田外戚两败俱伤。

铲史官

小爱提问
为啥选择外戚作为通关的第一关?

因为西汉的外戚势力强大，皇帝一般是依靠母系上位的,执政首先要摆脱外戚的掌控和干扰。解决掉身边的威胁，再由大到小，由近及远，一步步解锁后面的关卡。
史

ROUND2
打怪升级第二关：丞相
稳住，鳖慌！

清除了外戚势力后，
刘彻开始全盘掌握朝政。
他接受了董仲舒的建议，
罢黜百家，独尊儒术，
以积极进取的姿态，
开始了大刀阔斧的改革。

我谢谢你啊！
《老子》的那一套
不吃香啦。
想当官的话，
建议大家
学习六经。
董仲舒

这里、这里还有这里，
这些位置都得
换成我的人。
叭！

以前，
汉朝中央的官员主要由
外戚和军功阶层充任。
刘彻开始大规模启用**儒生**，
并选拔各地的**贤良方正之士**
担任各级官吏，
完成对朝廷的换血。

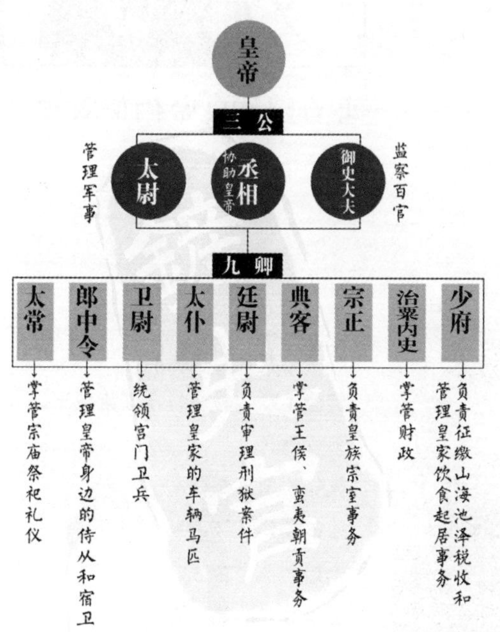
皇帝
三公
太尉
管理军事
丞相
协助皇帝
御史大夫
监察百官
九卿
太常
掌管宗庙祭祀礼仪
郎中令
管理皇帝身边的侍从和宿卫
卫尉
统领宫门卫兵
太仆
管理皇家的车辆马匹
廷尉
负责审理刑狱案件
典客
掌管王侯、蛮夷朝贡事务
宗正
负责皇族宗室事务
治粟内史
掌管财政
少府
负责征缴山海池泽税收和管理皇家饮食起居事务

汉朝的丞相权力很大，
威胁皇权。
刘彻为了控制朝局，
在内廷设立中朝，
由皇帝的亲信近臣构成，
参与决策。
这样，
以丞相为首的**三公九卿**，
就只负责执行。

诶？终于到我了？
藩王·刘白

你们吃辣条，
我们舔塑料袋袋。
汉·文帝·刘恒
汉·太祖高皇帝·刘邦
汉·景帝·刘启
来自汉初皇帝们的凝视PLUS

自汉初以来，
藩王问题就一直困扰历任皇帝。
藩王独立于郡县行政体系之外，
拥有独立的政治、经济、军事特权，
尾大不掉，
极大地削弱了中央集权。

七国之乱

汉高祖刘邦在位期间，
铲除了野心勃勃的异姓诸侯王。
景帝时代，
晁错的削藩令引发了
藩王集体反叛。
七国之乱平息后，
藩王势力的过分膨胀得到了
有效抑制。

诸侯国

汉朝藩王都是由嫡长子单独继承，
其他子弟得不到封地。
刘彻采纳主父偃的建议，
施行“推恩令”，
规定藩王除了嫡长子继承王位外，
其余诸子在原王国内封侯。

↓嫡长子继承王位，
其余诸子封侯。

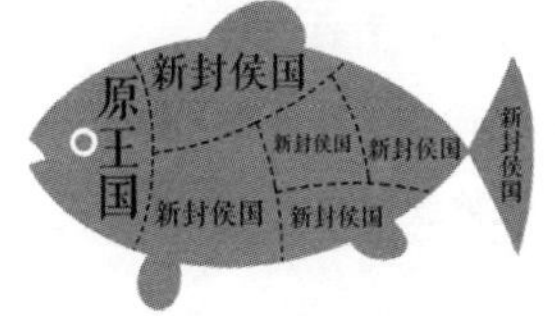
原王国
新封侯国
新封侯国
新封侯国
新封侯国
新封侯国
新封侯国

↓新封侯国嫡长子继承
王位，其余诸子封侯。

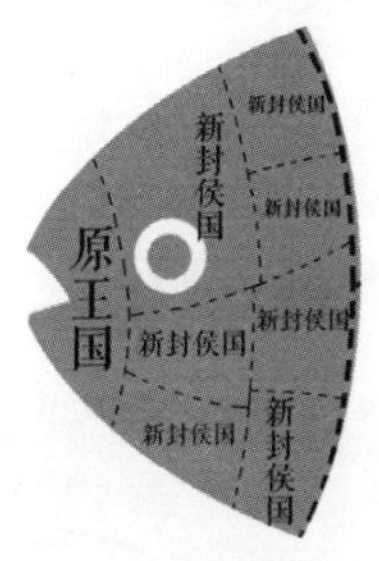
原王国
新封侯国
新封侯国
新封侯国
新封侯国
新封侯国
新封侯国
新封侯国

这波骚操作
你服不服？
汉·武帝·刘彻
←大汉特产：
藩王饼

新封的藩王子弟侯国，
不再接受原王国的管辖，
直接由各郡来管理，地位相当于县。
一直尾大不掉的藩王，
被逐渐分化瓦解得七零八碎，
再也无法威胁中央了。

藩王如大饼，
越切越上瘾。

刘彻任命主父偃
替他惩治那些不法的藩王，
燕王刘定国、齐王刘次昌
先后因乱伦而畏罪自杀，
王爵和封地被收归中央。

统统快到碗里来！
主父偃

一下子灭掉两国，
老板这次应该给我加薪了吧。

加薪？
要你命！
汉·武帝·刘彻

这辈子
你有没有为别人送过命？

不久，
刘彻的哥哥赵王刘彭祖见状害怕，
告发主父偃私收贿赂、逼死齐王。
刘彻为了缓和与藩王之间的矛盾，
只得下令将主父偃灭族。

淮南王刘安的父亲刘长，
在文帝时代因谋反败露自杀。
刘安一直怀恨在心，
派他的女儿刺探朝廷情报。
后来刘安被他的门客告发谋反，
自杀身亡，封国被撤销。

消灭最后的刺头，
藩王从此服服帖帖。
叭！

表乱动哦。
《阿党附益法》：
属官与诸侯王结成私党，构成阿党罪。
“诸侯有罪，傅相不举奏，为阿党。”
为诸侯王图谋不法利益，构成附益罪。
均依《阿党附益法》给予刑事处罚。
《左官律》：
官吏违反规定私自到诸侯国任职，
构成左官罪，
依《左官律》追究刑事责任。
彻底凉了。

刘彻又先后颁布了
《阿党附益法》《左官律》，
剥夺了藩王的人事、财政等各项特权，
禁止藩王结交大臣，
并让朝廷任命的国相
严密监视藩王的一举一动。

ROUND4
打怪升级第四关：军功阶层
Oh no！

你功劳这么大，
这个县就封给你吧，
你以后就是曲逆侯了。
曲逆好过水逆~
陈平谢主隆恩！
刘邦
哒哒哒哒哒哒——！

刘邦创建汉朝时，分封了大量功臣。
这些功臣的爵位最高的是列侯，
列侯的封地最大的不超过一个县。
这些因军功封爵的人及其后代，
就成了汉朝的军功阶层。

君子之泽，
五世而斩。
朋友，
你们的好日子，
已经到头了！
汉武帝

军功阶层
虽然不断有人因犯法而被削夺封爵，
但数量依然庞大。
他们中的显贵长期占据
汉朝中央的要职，
刘彻掌控朝局后，
他们在朝中的位置逐渐被取代。

军功阶层
功劳簿
吃老本

要我？
让你们清醒一下！
汉武帝
哨！

汉朝祭祀宗庙，
需要列侯们贡献酎酒、黄金来助祭。
刘彻授意少府严格审核酎金，
最终有106名列侯
因为酎金成色不足被削夺爵位，
军功阶层从此一蹶不振。

注：酎是一种经过反复酿造的优质酒。少府是九卿之一，负责掌管皇家财产收入、皇家手工业制造以及征收山海池泽税收等。

帝国双璧
霍去病
卫青

刘彻改革初见成效后，
汉朝得以调集资源，
建立了一支拥有强大战斗力的
骑兵军团。
随着卫青、霍去病舅甥建功塞外，
匈奴外患也得到有效缓解。

ROUND5
打怪升级第五关：地方豪强

诶？终于轮到
三四线城市豪强了？

地产的天堂！
统统学区房！
刘邦
帝都一期工程

地方豪强是一股影响汉朝地方政策实施和社会安定的势力。汉初的地方豪强主要是东方六国旧贵族。刘邦定都关中后，曾大量迁徙旧贵族以充实关中人口。

你不爱他不疼，
遍地都是社会人。

到后来，地方豪强包括拥有大量土地的大家族、投机暴富的商人、地头蛇和黑社会，他们兼并土地、聚敛财富、把持地方、欺压百姓。

刘彻对待他们还是使用老办法：

强制迁徙。

下令将各地豪强迁徙到
刘彻的陵墓茂陵
（今陕西省兴平市）附近，
这样就能割断这些豪强
对地方的控制，
方便中央控制。

这附近都是人才，
说话又好听，
你们来了就知道了。
茂陵
汉武帝
帝国宣传员

郭解家贫，资产不满三百万，
不符合迁徙的标准。
要不就算了吧？
啧啧啧，你look look，
郭解他一个平民，
居然能请得动咱卫青大将军
替他说情，
可见他家绝对不穷。
有什么事先
让他躺下再说吧！
卫青
汉武帝

有一个叫郭解的游侠，
属于很有势力的黑社会老大，
虽然财产达不到搬迁的标准，
也在强迁之列。
后来，
郭解的手下因维护他而犯罪，
他被牵连而遭到灭族。

咔嚓——————！
郭解

人生如坐过山车，
起起落落落落落落落落落落
落落落落落落落落落落落落

刘彻为了进一步控制地方，
把全国地方划分为13个叫作
“**州**”的监察区，
每州派遣一名**刺史**，
每年8月巡视地方，
监察地方官员和豪强，
年终向中央汇报。

朔方
冀州
幽州
并州
青州
凉州
兖州
刺史
徐州
豫州
扬州
益州
荆州
交阯

治国，我谈两点经验，一是集权，二是找钱。如何找钱，下回分解。
铲史官

经过刘彻的逐步改革，
汉朝从中央到地方都得到
强有力的整合，
有效缓解了内忧外患的局面。
不过，
汉朝在经济领域还存在很多问题，
改革之路任重道远。

读者有话说

成于大气—泽鹏

刚刚在讨论会上，我还拿武帝举例，说文治武功创立盛世是他，说穷兵黩武任用酷吏也是他，一个事，一个人物，你从不同的角度解读，会得出不同的结果。国家兴盛毋庸置疑需要一个强有力的领导，但他绝不会是所有人都认为好的领导，也不必成为所有人都认为好的领导。为国事尽心，创太平盛世，功过任由后世评说。

沈师傅

能成功左右历史走向的改革，不一定要波澜壮阔，亦无须血流成河，往往就是推出一条谁都想说点什么但又说不出什么来的政策或法令。只要是改革，就会遇到阻力，就要面对涌动的暗流。主父偃高智商低情商，和晁错殊途同归——所谓殊途，淹死晁错的是汹涌的巨浪，淹死主父偃的则是宁静的旋涡。

爱喝茶的猫

很多奋发有为的皇帝，为了帝国能够长治久安，为了子孙后代能够安心守成，恨不得把所有的事都在自己这一朝做完，所以行事就不免过于操切，甚至不顾国力和民生，虽然他们着眼于长远，但在当时可是苦了老百姓，比如秦始皇灭六国、修长城，汉武帝四处征战，隋炀帝征高丽、挖运河。可是回过头来看，他们这些举措却泽被后世百年千年，甚至决定了中国的版图和历史走向。

汉武帝如何打通权力之路的第一关？

外患历来就是政权内部改革的催化剂，严重的匈奴外患，迫使汉武帝由内到外彻底改造西汉帝国的权力结构。而汉武帝政治改革的实质，是一一消除利益集团对皇权的掣肘，集中力量，整合资源，为反击匈奴做准备。

这就像一场打怪升级的游戏，随着改革的推行，汉武帝权力的触手逐渐从内廷伸向外朝，从中央伸向地方，从上层社会伸向底层社会。先后击败了外戚、藩王、军功阶层和地方豪强，每打败一个利益集团，汉武帝手中的权力就更加集中，距离他实现击败匈奴的目标就更近一步。

汉武帝对付藩王、军功阶层和地方豪强，都是通过政治改革来实现的，而消除外戚势力，却是利用外戚集团之间的斗争来完成的。

窦婴是窦氏外戚中最有才能的一位，在七国之乱中立下军功，被封为魏其侯。后来，汉景帝立栗姬的儿子刘荣为太子，派窦婴担任太子太傅。但栗氏昏招频出，导致太子刘荣被废。窦婴多次为刘荣争辩无效，只好称病隐居。

窦婴喜欢豢养门客，田蚡最初也是窦婴府里的门客。后来田蚡的外甥刘彻被立为太子，姐姐王氏被立为皇后，田蚡也跟着显贵起来，被封为武安侯。

窦婴和田蚡都是儒家的支持者。汉武帝建元改革，虽然主要执行者是儒生赵绾、王臧，但真正的幕后推手，是时任丞相窦婴、太尉田蚡。改革失败后，窦婴、田蚡都被窦太后撤职。

窦太后死后，窦婴随之更加失势。而由于王太后地位的尊崇，田蚡成为丞相，把持朝政，日益骄奢淫逸，引起了武帝的不满。

灌夫是颍阴（今河南许昌）地方豪强，七国之乱时立过战功，为人豪爽讲义气，但是鱼肉乡里，横行不法。窦婴失势后，与灌夫成为了至交好友。

实际上，田、窦外戚本来有机会联手抗衡皇权，但由于田蚡的傲慢和贪婪，窦婴无法摆正心态，加上灌夫在中间搅局，田、窦两家彻底交恶。

后来，田蚡娶了燕王的女儿为夫人，王太后命皇族、列侯都去祝贺，窦婴和灌夫也出席了酒宴。席间，由于田蚡的傲慢无礼和宾客的趋炎附势，灌夫酒后发难，辱骂宾客，搅闹宴席。田蚡便以不敬之罪，把灌夫逮捕下狱。

这时，窦婴挺身而出，上疏武帝为灌夫开脱罪责。武帝让窦婴和田蚡公开辩论，两人就互相攻击诋毁对方。由于王太后的施压，武帝不得不派人去调查灌夫的罪行，发现与窦婴所说有很多不相符的地方，就以欺君之罪逮捕了窦婴。

不久，窦婴的侄子上疏武帝，呈交了一封景帝赐给窦婴的遗诏，诏书上说："假如你遇到什么不方便的事情，可以便宜行事，再把你的意见呈报给皇帝。"这封遗诏相当于赋予了窦婴先斩后奏的权力。然而，这封遗诏在宫中的档案馆中却没有存档，朝廷就此认定遗诏是假的。按照矫诏的罪名，应当判处窦婴斩首示众。

事实上，窦太后死后，武帝有意扶持田氏外戚，打压窦氏。窦氏外戚纷纷失势，只有窦婴还稍微有点势力。然而，田氏势力的过分膨胀，又招致武帝的反感。所以田窦冲突爆发以后，武帝是偏向于窦婴的，甚至想借此事打压一下田蚡的气焰。

但是，当窦婴抛出这封遗诏时，武帝认为，一旦认定遗诏的合法性，将来便后患无穷，皇权会受到严重威胁。所以这封遗诏不可能被鉴定为真，那么窦婴就难逃矫诏的罪责。尽管如此，武帝仍没有想置窦婴于死地的意思。

然而，窦婴豢养门客、结交豪强的做法，历来让武帝十分忌惮。田蚡利用了这一点，让人在武帝耳边散布谣言，最终让武帝下定决心，在诛灭灌夫全族之后，也将窦婴斩首示众。

不久，田蚡惊惧而死。与其说是被窦婴、灌夫的鬼魂索命，倒不如说是被武帝的高压威逼而死。这是因为，既然窦氏一族灰飞烟灭，武帝就更不能让田蚡毫无节制地膨胀下去。失去田蚡这个强力外援后，王太后的势力也就此退出了朝堂。

随着窦、田外戚的相继失势，汉武帝终于打通他权力之路的第一关，可以大刀阔斧地利用政治改革对付其他利益集团了。

铲史官

汉武帝（下）

官营经济撑起汉武盛世

汉武帝时代的经济体制，就是以官营经济为主导，抑制民间资本的膨胀。在掌控钱袋子方面，汉武帝堪称后世政府学习的好榜样。

上一回我们讲了汉武帝如何集权，
这一回来讲讲他如何找……

钱。
钱？
钱在哪里？

Hi，
两千多年后的
大家好，
我是刘彻，
下面由我讲讲，
我的经济改革。
政府工作报告
漢

打匈奴表面靠名将，
其实拼的是国力。
武帝在掌控钱袋子方面，
堪称后世政府学习的好榜样。
具体有这几个方面。

改革币制

秦始皇统一天下后，
废除东方六国的各种旧钱，
改进秦国原有钱币，
规定圆形方孔半两钱为国家法定货币，
结束了中国货币
形状各异、重量悬殊的混乱状态。

刀币、布币、圜钱、蚁鼻钱
统统进熔炉。
孔方兄，该你上场啦！
秦始皇
私房钱
历史的熔炉
咦？
私房钱

秦末天下大乱，
等到刘邦击败项羽，
建立西汉时，
国家经济极为凋敝，
皇帝的车辆找不到
四匹毛色相同的马驾辕，
丞相、将军甚至要坐牛车上班。

你不是号称
长安藤原拓海、
大汉最快吗？
怎么这车还这么慢？
放心，
其他人更慢。
他们能看到
我车尾灯算我输。
藤原豆腐店自家用

他利用惯性漂移入弯，车速很快，
我就只看到有个豆腐店的标志。
——汉初长安老司机见闻录

那朕就赐你一座铜矿，
可以自己铸钱玩。
没问题。
那你养我一辈子。
汉·文帝·刘恒
汉·御用男宠·黄头郎·邓通
黄头郎

小心心小钱钱全都送给你

汉朝政府以秦钱太重、
不便流通为由，
允许民间自行铸钱，
以扩张性货币政策刺激经济，
并放开此前由官府垄断的
山海资源，
允许民间资本进入
冶铁、煮盐行业。

古代24铢为1两，
秦半两的面值和重量
都是半两，
也就是12铢。
汉初仍沿用半两钱，
虽然面值是半两，
但实际重量却越来越轻，
甚至连4铢都不到。

有钱就可以为所欲为吗？
我要告诉你们……
是的，
有钱真的可以为所欲为。
西汉物价表：
1石米=10,000钱，
1匹马=100斤黄金
西汉·吴王·刘濞
为所欲为？
记住我给你们的那个政策：
不许商人穿丝绸、坐车，
加重商业税。
总之，
发财可以，炫富不行。
刘邦

这样就造成货币重量越来越轻，
与面值不符，
从而导致通货膨胀、物价飞涨。
一些投机商人囤积居奇，一夜暴富。
吴王刘濞由于国内有铜矿，
更是富可敌国。
政府对于暴富的商人
采取了一些限制措施。

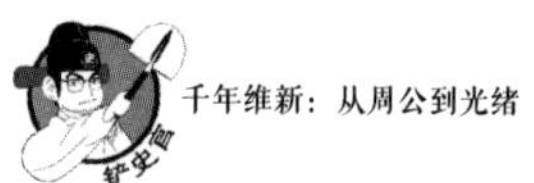

虽然汉朝经济蒸蒸日上。
但社会财富大部分都流入了
诸侯王、商人手里。
中央政府只好通过卖爵位的方式
增加财政收入。
经过数十年积累，国库十分充盈。

喵！
（太仓里粮食层层积压，
导致仓库爆棚。
国库里铜钱太多，
导致穿钱的绳子朽坏，
铜钱散落无法计算。）

西汉·国库守财猫·二狗子

定力100

今年的财政支出项有：
练骑兵、喂养战马、
恤烈属和伤员、封赏
将士、修筑河堤、
水灾、开挖水渠
……
汉武帝
年度财政报告
穷得想（响）叮当

此时，刘彻登上了皇位。
由于他既要组建骑兵，
反击匈奴，
又要修河堤、赈灾、
挖水渠灌溉农田，
没过多久，
国库中几代人积累的财富
就被花了个精光。

为了填补财政赤字、
纠正货币紊乱，
刘彻先后进行了五次货币改革，
发行了皮币、白金币、
三铢钱、五铢钱，
试图将铸币权收归中央，
但一直收效甚微。

改革	时间	内容	结果及原因
第一次	建元元年（前140）	罢四铢半两，行三铢钱，使货币重量与面值一致。	与四铢半两等价，加上盗铸盛行，导致三铢未能坚持流通。
第二次	建元五年（前136）	罢三铢钱，行半两钱，钱币边缘铸有外郭。	盗铸盛行，导致改革失败。
第三次	元狩四年（前119）	重铸三铢钱，同时发行白鹿皮币和白金三品。盗铸者死罪。	币值较高的白金三品刺激了民间盗铸，白鹿皮币遭大臣反对。
第四次	元狩五年（前118）	废三铢钱，令各地郡国铸造五铢钱。	各地铸造质量不一，偷工减料，币品低劣。
第五次	元鼎二年（前115）	发行赤侧五铢，用赤铜铸造钱郭，一枚等价五枚郡国五铢。	币值较高的赤侧五铢刺激了民间盗铸，导致货币贬值。

港真，要是有网络，
我能鼓捣出汉朝比特币。
汉武帝
白鹿皮币
贵族
富人
我擦泪二人组

第三次改革时发行的
白鹿皮币、白金三品，
是朝廷为了填补财政亏空而行的
权宜之计。
贵族朝贡，被迫用黄金兑换白鹿皮币；
富商交税，被迫用铜钱兑换白金三品，
朝廷借此掠夺了大笔财富。

元鼎四年（前113年），
刘彻发起第六次币制改革，
将铸币权从各地郡国收归中央，
由三个在上林苑办公的官员
负责统一铸造，
新发行的货币叫作
“上林三官钱”。

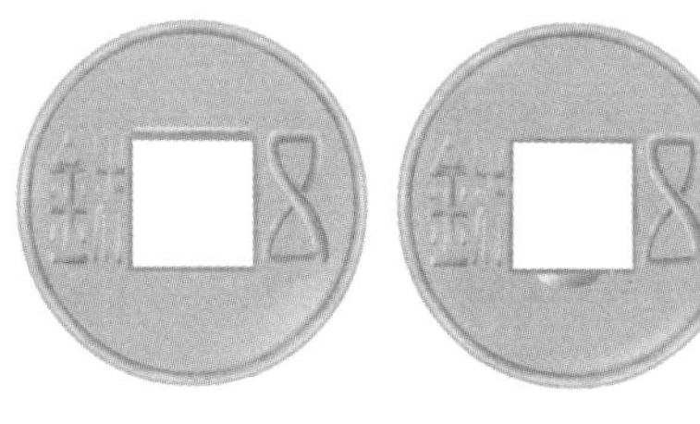

上林三官五铢
上杠
下半星

简直是汉朝的高科技产品啊，即便有极少数巧匠能仿造成功，也不足以扰乱市场。
叮！
隋·炀帝·杨广

制作精良的上林三官五铢
进入市场后，
由于技术门槛高、民间仿造困难，
假币难以流通。
良币终于驱逐劣币，
一举解决了困扰多年的盗铸问题，
一直流通至隋朝，七百余年通行不废。

实行盐铁专营

刘彻在改革币制的同时，
起用了齐地煮盐大户东郭咸阳、
南阳冶铁大户孔仅，
让他们主管经济。
两位大商人被朝廷招安后，
主张发展官营经济，
抑制民间资本。

丢掉幻想，趁早改行。
东郭咸阳
孔仅

老子现在是吃皇粮的人

慌的一匹。
私营铁矿员工

unbelievable

前117年，
东郭咸阳和孔仅提议，
政府收回出产盐、铁的
山海资源，
禁止民间资本涉入，
在盐、铁产地分别设立
盐官和铁官，
实行统一生产和销售，
利润归国家所有。

盐的官营采用募民煮盐、
官府专卖的方式，
而铁的官营则由官府彻底垄断。
但由于东郭咸阳和孔仅
多选用商贾担任盐铁官，
造成了严重的吏治问题。

这价格，这质量……
但就此一家，
还不能不买……
假笑
汉·农民·罗永贵

桑弘羊

掐指一算，
你们需要铲史官……
啊不，盐铁官。

因心算天才 13 岁就任职中央的桑弘羊，
于元鼎二年（前 115 年）
受命整顿郡国盐铁官，
增加了盐铁官设置地区，
完善了盐铁官营的管理系统和经营网络。

官营盐铁业生产规模迅速扩大，
生产效率和工艺远远超过了
以前小规模的私营盐铁业。
盐铁官营有效打击了
暴富的投机商人，
给中央财政带来巨量的收入。
桑弘羊从此独掌财政 20 年。

惨遭打击！
商人

贵族变跪族

3
征收财产税

一起垄断，
一起涨价！
让吃瓜群众
无瓜可吃！

在自然经济时代，
商人如果太过强势，
就会损害自然经济的发展。

管理财政就像杀猪割肉一样，
钱不够了就拣肥的下手。
汉武帝
桑弘羊

人怕出名你怕壮。

后来，
汉朝与匈奴战事升级，
开支吃紧，
为了充实中央财政，
汉朝实行算缗令，
征收财产税。

什么是算缗？
算和缗都是古代课税单位，
一算就是120个钱。
缗的原义是穿钱的绳子，
一缗就是1000个钱。

查查这个月
的工资……
工资

算缗令规定，
商人财产每 2000 钱须缴纳 120 钱，
手工业者每 4000 钱缴纳 120 钱。
普通人一辆车缴纳 120 钱，
商用车缴纳 240 钱，
五丈以上的船只每艘缴纳 120 钱。

呃……
工资穷

干得漂亮！
奖励你的头套还喜欢不？
快别说了，
我眼泪快流下来了。
汉·牧羊人·卜式
汉武帝

当时有一个叫卜式的人，以牧羊致富，
情愿捐出一半家产充当军费，
后又捐出 20 万钱赈灾，
却不愿接受任何报偿。
刘彻就提拔他，
把他树立为商人的正面典型。

除了树立榜样，
刘彻对付商人还有必杀招。
尽管算缗税率并不算高，
但商人都有贪财之心，
纷纷隐瞒财产货物，不予申报。
于是，
著名酷吏张汤隆重推出告缗令。

逃税的那一瞬间，
你已经是个死人了。
我爱断案，
爱制定律法，
爱给人定罪，
更爱给人用刑，
我是张汤。

财产分你一半。
emmmm……
杨可
告密者
马
桶

所谓的告缗，
就是鼓励旁人告发商人
偷税漏税，
一经查实，
就没收被告者的全部财产，
并将所没收财产的一半
奖励给告密人。
刘彻派大臣杨可执行告缗令。

完成小目标，
又可以
对匈奴动手了！
存折
汉武帝

告缗令一出，
广大群众找到了发财的好路子，
天下商人中产以上者纷纷破产，
国家得到民间财物数以亿计，
奴婢成千上万，
各地的田宅更是数不胜数。

小爱提问

难道汉朝就没有不偷税漏税、遵纪守法的商人吗？

史

没有，
除了活雷锋卜式。

告缗虽然缓解了财政的
燃眉之急，
但对商业打击力度太大，
并且导致群众都纷纷
靠告密发财，
不再从事生产经营。
元封元年（前110年）之后，
汉朝停止了告缗。

对不起，皇上。
由于政府施行告缗，
做买卖的人都破产了
臣实在没法
买到您要的贡品，
只好自杀……

告缗很棒，
我选择自杀

虽然告缗停止了，
但汉朝必须有打击商业投机、
平抑物价、增加财政收入
的长远办法。
桑弘羊开始试行均输法和平准法，
收到了不增税却能使财政富裕的奇效。

下面，就来讲讲均输法和平准法。

4
统购统销

均输，
就是将各地上贡京师的物品，
运往缺乏该类货物的地区出售，
然后在适当地区
低价采购京师所需求的物资。
此法既能解决运费高昂的问题，
又可调节物价。

低价采购
京师
丙
进贡原路线
贡品车
均输示意图
变更路线，
驶往有需求的地区。
乙
甲

平准，
就是在某种货物（比如粮食）
价格低廉的时候，
政府大量采购，
待到这种货物价格高昂时，
再以低于市价抛售，
这样就能稳定物价，
打击囤积居奇的商人。

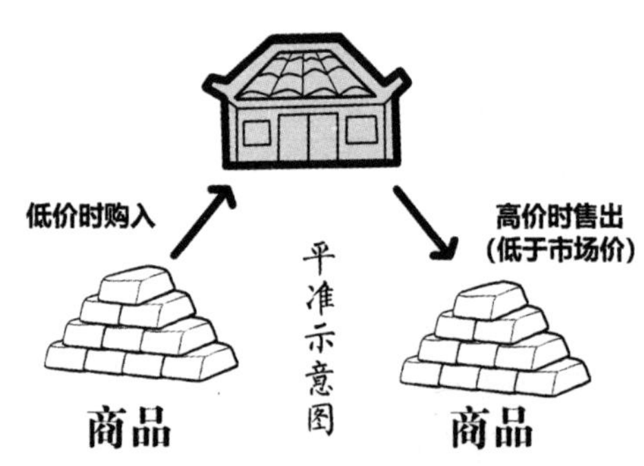
汉朝政府
低价时购入
高价时售出
（低于市场价）
平准示意图
商品
商品

卜式
啪！

卜式愤怒

不久，
做到御史大夫的卜式，
抨击桑弘羊的盐铁官营和车船税，
认为官卖的铁器质量不好、价格昂贵，
还强买强卖，
而车船税会增加商品运费，
导致商品涨价。

卜式说桑弘羊
就是个蛋！
孔仪

卜式并没有直接上疏刘彻
反对桑弘羊，
而是通过孔仪向皇帝进言。
刘彻最讨厌这种
背后议论人的行为，
更何况桑弘羊对财政贡献很大，
所以就贬了卜式的官。

汉武帝
有什么话不能当着面光
明磊落地讲。再说，你
有本事为财政创收吗？

汉武帝时代的经济体制，
就是以官营经济为主导，
抑制民间资本的膨胀。
这种体制能够有效集中全国的财力，
为成功遏制匈奴外患
奠定了坚实的物质基础。

农耕民族不在管理上下功夫，
优化行政经济结构，
怎么能行？
比如元狩四年漠北大战，
一次就动用马匹十数万，
没有桑弘羊撑腰，
朕能有这么大魄力吗？

轮台罪己诏

再也不能这样活，否则我大汉就要重蹈亡秦的覆辙！
——刘彻

但是，
这种与民争利的经济体制，
严重损害了民间商品经济的发展，
加上刘彻无休止的对外征伐
带来的巨大财政开销，
导致汉朝经济衰退，
国力受损。

汉武帝死后，
桑弘羊的经济政策在
始元六年（前 81 年）的
一次盐铁会议上，
受到民间学者的责难。
一年后，
桑弘羊卷入谋反案被杀，
其政策遭到部分废除。

与民争利、国力虚耗、
强买强卖、官商作风、
兵役繁重、徭役繁重……
老皇帝死了，
再也没人为你撑腰了。
民间学者
汉·昭帝·刘弗陵
霍光
桑弘羊

读者有话说

深海里的精灵

汉初不仅放开盐铁，甚至连铸币权都下放，直接导致大汉帝国资产阶级自由化思潮泛滥，形成了非常强悍的地方势力。武帝的雄才大略要靠钱来支撑，文景那点儿显然不够。桑弘羊就为他拿出了杀手锏：盐铁专营、平准均输、算缗告缗。有了这三大政策做后盾，汉武帝才能修朔方、伐匈奴、平百越，成为千古一帝。从某种角度来说，把匈奴打得溃不成军的不是卫青、霍去病，而是这位运筹帷幄的技术官僚。但代价也非常大，中产阶级民不聊生，商贾富豪大骂桑弘羊。跟商鞅一样，明主撒手人寰后，技术官僚就会面对利益集团的反攻倒算，受压制的商贾集团会迫不及待地反击。于是出现了那场经济会议，说白了，就是一群私营老板和“公知”（被称为“贤良文学”）进行全面论战。有个叫桓宽的把内容整理出来，起名盐铁论。这场论战后，桑弘羊和商鞅一样，以谋逆罪被满门抄斩，可见改革官僚功劳越大，风险越大。随着桑弘羊财政改革的终止，大汉王朝很快也结束了自己最辉煌的时光。

江山风雨情

儒家最不长进的地方，就是整天强调“万世不易之道”，如果按他们说的，汉武大帝还赚什么钱？打什么匈奴？所谓时移势易，在不同的时代就要采用不同的政策，整天的“万世不易”，读书读傻了吧！还有反对战争的那些儒生，你不打，人家还不打？要知道，中原王朝的盐、铁、茶、人、财，那可是游牧民族最需要的！所以，光用嘴是说服不了匈奴的。对于豺狼虎豹，只有刀枪才能教会他们道理。后世的崇祯皇帝就是太信任这些“万世不易”的嘴炮，才把大明和自己都葬送了。

顺其自然

这种国家垄断经营、与民争利的政策，使得大量中小地主无法或不敢再投资到商品领域，只能采用最保险的投资方式——投资土地，导致武帝之后出现了大量的土地兼并现象。这也是西汉晚期改朝换代的原因。

信陵君

个人还是钦佩汉武帝刘彻的，毕竟如果不是漠北大捷，恐怕汉家会像其他三个文明古国一样消失在历史长河中。农业民族不依靠强大的人力、物力、财力完成逆袭，怎么生存呢？当然，漠北大捷后，可以考虑放宽政策，“与民休息”。但是，到底是“与民争利”还是“与商争利”，也是有趣的话题。在对外方面，我赞同“大夫派”；至于经济方面，我赞同“贤良文学派”。

桑弘羊的经济政策是怎样被清算的？

汉昭帝始元六年（前81年），汉朝为了总结经济政策得失，召开了著名的盐铁会议，以桑弘羊为首的大夫派，与从民间推举的“贤良文学”之士60余人，展开了激烈的辩论。内容主要集中在以下几个方面：

首先是盐铁官营问题。大夫派认为盐铁官营利国利民，有益无害，有利于抑制豪强、增加财政收入、保障百姓用度。还认为，盐铁官营有利于消除像吴王刘濞那样的地方分裂势力，有效维护中央集权。

而“贤良文学”派却主张取消盐、铁、酒的官营专卖制度，以及平准、均输政策。他们认为这些政策是与民争利，造成国力虚耗。

盐铁官营导致强买强卖的官商作风严重，工匠只知道完成官府规定的生产数量，而不管产品质量，从而造成官盐价高而味苦，铁制农具粗劣不合用。农民买不起农具，只好用手耕田；买不起官盐，只好“淡食”。在“贤良文学”派看来，富国安民的关键在于搞好农业。

其次是汉朝与匈奴的关系问题。大夫派主战，“贤良文学”派主和；“贤良文学”派推崇以德服人，而桑弘羊认为，没有足够的武备，光靠仁德是很难降服匈奴的。

“贤良文学”派认为，对外用兵会给国内带来忧患，繁重的兵役、徭役会破坏农业生产，对社会构成严重威胁，不如回归到以前的和亲政策。大夫派针对主和观点指出：汉朝初期一直对匈奴执行和亲政策，但匈奴外患却日甚一日。鉴于此，汉武帝才大规模讨伐匈奴，并且取得了显著成效。

另外，两派在儒家与法家、德与刑的问题上，也展开了针锋相对的论战。

大夫派以变法治国者自居，对儒家圣贤大加贬斥，讥讽儒家迂腐无用，不识时务。而“贤良文学”派反驳道：圣贤确立的“百世不易之道”是不能改变的。大夫派坚持法治，主张用严刑峻法来惩治奸凶。而“贤良文学”派则推崇德教，主张简法宽刑。

论战中，但凡涉及对汉武帝及其各项政策的评价，大夫派总是极尽粉饰之能事，而“贤良文学”派则毫不客气地予以抨击。

由于负责会议记录的桓宽偏向于“贤良文学”派，所以较多地记录了“贤良文学”派战胜大夫派的精彩片段。当时，桑弘羊已经七十高龄，面对60多位“贤良文学”之士劈头盖脸的轮番质问，总有答不上话的时候。

事实上，这60多位“贤良文学”之士的后台老板，是桑弘羊的政敌霍光。

汉武帝死后，留下了五位顾命大臣来辅佐年幼的汉昭帝刘弗陵，分别是霍光、田千秋、上官桀、金日磾和桑弘羊。其中，金日磾很快就去世了，田千秋是个和事佬，而上官桀又是个头脑简单的武将。所以，真正妨碍霍光把持权柄的对手，只有桑弘羊。

因此，霍光找来60多位“贤良文学”之士，在幕后操纵了这场盐铁会议。“贤良文学”派以董仲舒的今文儒家思想为理论武器，向桑弘羊和他所维护的经济体制发起犀利的进攻，并且全面清算汉武帝时代的各项政策。

霍光之所以要发动“贤良文学”派清算汉武帝的各项政策，是因为他是豪强地主阶层的代表人物。汉武帝时代，一直执行打压豪强地主的政策。汉武帝死后，桑弘羊继续维护其各项政策。而豪强地主阶层，则希望限制皇权，放松甚至放弃国家对经济的干预，以方便他们兼并土地。

以平准政策为例，它保证了农民在荒年不至于为了购粮活命而出卖土地，沦为佃户。而豪强地主却正是要趁着荒年提高粮价，迫使农民贱卖土地，从而达到兼并扩张的目的，所以“贤良文学”派坚决反对平准。

尽管“贤良文学”派在论战中占据上风，但并没有撼动桑弘羊和他的经济政策，霍光和他背后的阶层只好另找办法。一年后，燕王刘旦和上官桀联手谋反，事情败露，桑弘羊也被牵连进去，遭到诛杀。

但是，汉武帝时代的经济政策并没有被完全废除，因为霍光面对财政压力，还是要或多或少地采取一些桑弘羊的老办法。到霍光死后，宣帝掌权，汉朝的经济政策又较多地回到桑弘羊的路线上来。

尽管霍光时代的自由经济政策起到了恢复经济、休养生息的效果，但是由于西汉后期对豪强的抑制日益放松，造成土地兼并严重，豪强势力膨胀，阶级矛盾激化，于是有了王莽改制，间接导致西汉衰亡。

铲史官

王莽

一场儒家复古主义者的惨烈实验

理想很丰满，现实很骨感。在通往权力之巅的路上，也许王莽自己都已经迷失。

23年农历九月，
起义军陆续攻入长安。
年近七十的新朝皇帝王莽，
仓惶逃至未央宫宣室前殿。
此时的王莽，
仍不愿相信生命即将终结，
他可是一个从小闻名天下的好孩子。

上天赋予我治国的圣德，
汉军能奈我何？
可是，您最近水逆。
汉
王莽
太卜

死到临头了，
王莽为何还这么迂腐？
因为他是一个儒生，
一生都在践行儒家的理想。

王莽出生于显赫的
外戚大家族，
却不幸少年丧父。
豪门的穷孩子早当家，
小王莽师从陈参
学习《仪礼》，
勤身博学仁孝知礼，
迥异于声色犬马的
堂、表兄弟们。

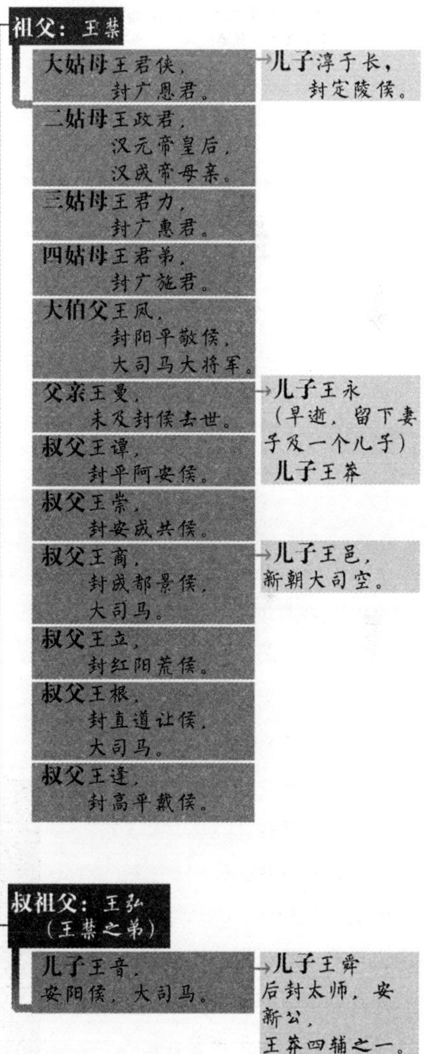
祖父：王禁
大姑母王君侠，
封广恩君。
儿子淳于长，
封定陵侯。
二姑母王政君，
汉元帝皇后，
汉成帝母亲。
三姑母王君力，
封广惠君。
四姑母王君弟，
封广施君。
大伯父王凤，
封阳平敬侯，
大司马大将军。
父亲王曼，
未及封侯去世。
儿子王永
（早逝，留下妻子及一个儿子）
儿子王莽
叔父王谭，
封平阿安侯。
叔父王崇，
封安成共侯。
叔父王商，
封成都景侯，
大司马。
儿子王邑，
新朝大司空。
叔父王立，
封红阳荒侯。
叔父王根，
封直道让侯，
大司马。
叔父王逢，
封高平戴侯。
叔祖父：王弘
（王禁之弟）
儿子王音，
安阳侯，大司马。
儿子王舜
后封太师，安新公，
王莽四辅之一。

王莽家族表

我们继承父业就可以，
那个傻瓜还在读书！
哈哈哈哈哈哈哈哈！
哼，你们懂什么！
两幅图后见分晓！
少年王莽

青年王莽外交贤士，
内养寡母嫂侄，
殷勤侍奉叔伯。
他 23 岁那年，
大司马王凤生病，
他几月衣带不解，
亲尝汤药侍奉于床前。

您该吃药了。
药不能停。
么么哒！
亲儿子都比不上你！
王莽
王凤

王凤临终向太后王政君请封，
王莽获封黄门郎步入仕途。
29 岁的王莽被封为新都侯，
属家族同辈中封侯第一人。
这位年轻的侯爷清廉俭朴，
散尽家财，赈济门客。

新都侯府小区
这次真的
感动到哭！
这个拿去，
吃点好吃的。
汉·门客·钱富贵
哇……
钱包
汉·新都侯·王莽

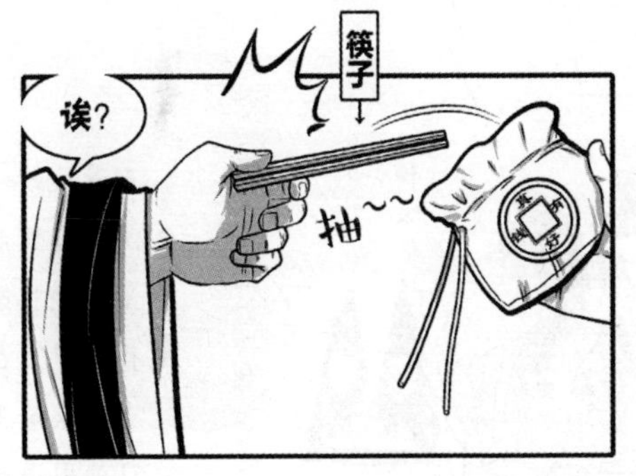
诶？
筷子
抽~~

我找你家夫人。
我就是。
列侯夫人
王莽夫人

叔父王根退任大司马，
推荐王莽替职。
38岁的王莽成为国家首席权臣，
但他却更加勤俭谦恭。
母亲生病，公侯列卿派夫人探望，
王莽妻身着布衣迎接。

藩国之妾，
岂能与太皇太后并坐！
不跟你玩了！
我撤了！
服务员！
打包！
王莽
傅太后
太皇太后
吓得浑身一哆嗦

王莽执政一年多，
汉成帝驾崩，侄子汉哀帝即位。
王莽坚持嫡庶礼制，
得罪了哀帝的祖母傅太后。
太皇太后王政君只得
让他引退回新野封地。

王莽在封地闭门自守三年，
无数官吏为他鸣冤称贤。
哀帝又征召他回京。
次子王获杀死一名奴仆，
被王莽严斥而自杀。

王莽
王获
一进门就看见常威在打来福，你还有什么好说的？就问你，打算怎么办？
大不了还一条命！
哟呵！这么刚？你倒是做给我看看啊，叛逆boy。

这还不简单？
此处禁止上吊
吧嗒～！

一吊解千愁

汉·孝平帝·刘衎

哀帝驾崩无子。
太皇太后收取御玺印绶，
宣王莽入宫为大司马掌管朝政。
王莽迅速扫除哀帝宠臣外戚，
逼成、哀二帝皇后自杀，
立9岁的中山王为成帝后嗣，
是为孝平帝。

弱小，无助，
但特别倒霉。

发生啥事儿了？
我的锅自己背，
能不能饶了
我怀孕的妻子？
王宇之妻
王莽长子·王宇

平帝母族被隔离在封地，
卫后日夜哭泣思念平帝。
长子王宇担忧卫氏一族怨恨，
让妻兄深夜泼血以警吓王莽，
不料被门卫察觉。
王宇被下狱毒杀，
卫氏一族被屠杀殆尽。

不能。
（王莽声音）
奠

塞外民族献白雉一只，
群臣联想周公辅佐成王时的
白雉之瑞，
称王莽有安定汉室之功，
请封为“安汉公”，
后拜宰衡，加九锡。
王莽再三辞谢封赏，
女儿被推立为皇后。

原来我在中原是瑞鸟……
白雉
祭祀台

现已加入大汉豪华套餐

汉·摄皇帝·王莽
刘婴

我的内心毫无波动，
甚至想笑。

平帝 14 岁时突然病亡，
2 岁的刘婴被立为新帝。
民间水井中挖得白石，
上书红字：
告安汉公莽为皇帝。
侄子王舜建言说，
王莽只是想仿周公代行皇权，
王政君无奈下诏封王莽为
“摄皇帝”。

注：《资治通鉴》载，平帝怨恨王莽，被酒中下毒。平帝毒发生病时，王莽仿周公写下策书，称愿用自己性命替代。但《汉书》并无下毒的记载。

长安儒生哀章进献铜匮，
内有图书称汉高帝禅位王莽，
并附有辅政大臣名字。
王莽决定即位当真皇帝，
让人捧着各种符命祥瑞，
向王政君索要御玺。
王政君非常愤怒。

信不信，
我老死后，
王氏全族将被屠灭！
御玺保险箱
六六六
王政君

这操作让人气炸

9年，
王莽即位建立“**新朝**”。
亲信大臣封爵授官，
铜匮符命中同名民间人士，
一夜变高官。
各地零星起兵，
先后被王莽军队扑灭。

我费劲心机写《世经》，编撰了土德取代火德之说，这小子用如此低劣的造假，居然也跟我平起平坐！
国师·刘歆
把我的名字也加在符命里，我可真是个小机灵鬼儿。
爹，谢谢你给我起了个好名字！
天天卖饼，天上居然掉下馅饼！
封爵授官现场
长安儒生·哀章
美新公←
城门令史·王兴
卫将军←
卖饼郎·王盛
前将军←

西汉晚期，
土地兼并严重，社会矛盾尖锐，
王莽认为这是土地私有化造成的。
他决意依托先秦古制和儒家经典，
进行一系列全方位的变革。
首先，
改行王田制，废奴婢。

王田制概要：
1、土地国有，更名为王田，不准买卖。
2、平均分配，一对夫妇分田百亩。
3、一家男口不足八，超过一井900亩，分给乡邻。
4、按照十分之一上缴所得税。
5、废除奴婢，改称私属，不准买卖。
王莽
秦以来，废井田，兼井起，贪鄙生，贫富殊。民沦为奴，国家收不上税，国贫民弱的局面必须改变！

王田制、井田制、土地私有制比较

制度	王田制	井田制	土地私有制
权属	国家所有	王室所有权，贵族使用权	地主及农民所有
买卖	不准买卖	不准买卖	允许买卖
耕种	一家一户	农奴集体耕种公田私田	一家一户，无田者租种

均田废奴听起来都是美好的事啊？

理想很丰满，
现实很骨感。
当时的社会条件，
根本无法实行。

要地没有，
要命一条！
地主

豪强地主不肯分出土地；
农民遇饥病，
不能卖田卖身无路可走。
大批违法的地主农民获罪流放。
这两剂药下料太猛，激起强烈反对，
两年后不得不宣布废除。

第一次：公元7年
在原来的五铢钱之外，发行大钱（每枚重十二铢，面值为五铢钱五十枚）、契刀（面值为五铢钱五百枚）、错刀（面值为五铢钱五千枚）
第二次：公元10年
废契刀、错刀、五铢钱，发行小钱（重一铢，面值为五铢钱一枚）
第三次：公元11年
宝货制 五物六名，五种货币材料［金、银、铜（钱、布）、龟、贝］，二十八个品种
第四次：公元12-13年
只保留大钱、小钱，其余停止使用
第五次 公元14年
大小钱也禁止流通，发行货布（重二十五铢，面值五铢钱二十五）、货泉（重五铢，面值五铢钱一）

货币改革次数有点多，
我自己也有点晕。

在关系国计民生的经济领域，
王莽实行了六管政策。
第一管，
是货币的铸造发行。
在7年到14年的八年里，
先后五次变更币制。

讲史官

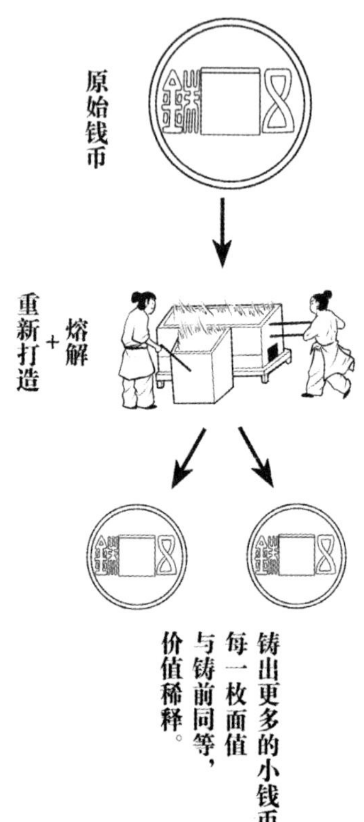
原始钱币
重新打造
+
熔解
铸出更多的小钱币。
每一枚面值
与铸前同等，
价值稀释。

货币改制特点：

以小易大，以轻易重，以新废旧。

货币大幅贬值，财富被反复洗劫，
民间私铸成风。
新法规定，
一家私铸，邻居五家连坐，罚为官奴。

今日客满
大床房：已满
双床房：已满
住店请出示
身份证&新币。
小树林宾馆
前台

民众住店、大臣入宫，
必须携带新币作为通行证。
货币种类过多，流通不便，
扰乱市场交易，
导致
“农商失业，食货俱废”。

酒
盐

第二至第五管，

盐、铁、酒由国家专营。

山川河流

实行国家管制。

民众采掘山泽资源，

需要向国家纳税。

客官行行好，
做内容创业穷困潦倒，
请打赏我一口饭……
哟……
你这岂不是在无所事事？
先缴一匹布。
算啦，开玩笑的，
我回去继续更新。

除了农民，

从事各种经营活动的商贩，

无论资本、利润多少，

均按十分之一征收所得税。

有田不耕的，

征三夫之税；

无所事事的，

纳布税一匹。

第六管，实行“**五均赊贷**”。
在都城长安及洛阳等五大城市设五均官，
管理市场，收取税费，
收贱卖贵，平抑物价。
向百姓发放低息贷款，
每月百钱收息三钱。

五均操作要点：
物价低，
国家按成本价买下滞销商品；
物价高，
则按市平价卖出收购商品。
这招也是学的汉武帝均输平准制。

就好比让一只馋嘴猫去管鱼市
定力0%

五均六管的执行者，
多是当地富商大贾。
他们与地方官吏勾结，
上下其手，
假公济私，
“乘传求利，交错天下”，
而百姓愈加困苦。

我都等到铲史官
来铲我了，
就得到了这个？
获封者
茅土

政治制度上，
王莽赞赏西周分封制。
以周礼的五级封爵为模式，
分封了大批诸侯王。
但又以地理未定为由，
先授予茅土，
以安慰守候长安几年的受封者。

What？降奴服于？
这什么狗屁？！
改名不是你一个，
高句丽现在叫下句丽！
这TM欺负我不认识汉字？
新朝使者
匈奴单于

依据《周官》《王制》，
王莽频繁改革官制、官名与地名。
在对外关系上，
将“四夷”诸王降为侯，
将匈奴单于印“玺”字改为“章”字，
并改称为降奴服于。
诸国纷纷反叛。

铲史官

走投无路，
只能去当海贼王路飞了！
破产兄弟·王路飞

王莽征兵调粮，对外用兵，
国内形势却日渐严峻。
徭役繁重农民无法耕田种桑，
法令琐碎苛刻，动辄入狱。
旱灾、蝗灾、水灾不断，
富人不能自保，穷人无法活命，
纷纷自我武装当起了强盗。

只要确立制度，
天下自然太平。
只要确立制度，
天下自然太平。
只要确立制度，
天下自然太平。
只要确立制度，
天下自然太平。

加班加到天亮

王莽痴迷于制度改革，
一门心思依据“六经”制礼作乐，
置民生、诉讼、吏治
等当务之急于不顾。
朝堂上公卿大臣议论连连，
久久无法做出决断。

还、有、谁？

王莽派出使者赦免强盗，
使者回来汇报称，
百姓走投无路才不得不做盗贼。
王莽大怒，免其官职。
见风使舵者说刁民该杀，
王莽便升其官职。
从此无人敢说真实状况。

绿林军、赤眉军等不断壮大，
汉室皇族也纷纷起兵，
大司空王邑败逃。
更始将军刘玄被拥立称帝，
各地豪杰杀掉州郡长官响应。
王莽率领群臣仰天大哭，
祷告上天求助。

地皇四年·长安南郊·哭天大典
上天既然将天命授予臣王莽，
为何不消灭各支盗贼啊？

听取哇声一片

今天又是
元气满满的一天呢！
爸爸，
我们去哪里呀？
去死！
大司空·王邑
王邑之子·王睦

起义军攻入长安，王莽赦免监狱犯人，
杀猪饮血让他们发誓效忠。
这些犯人渡过渭桥便四散逃跑。
王邑日夜战斗护卫王莽，
其子脱下衣帽欲逃被喝住，
父子战斗而死。

烤莽舌
汉·撒孜然哥·郝香

一千多护卫官吏死伤殆尽后，
王莽被一个叫杜吴的商人杀死，
继而被众人砍杀分裂。
头颅被挂在街市示众，
百姓纷纷掷击，
有人切下舌头食之。

走廊

我一直在想，古往今来剧烈、急进的改革大多不能善终，说明改革本身异常艰巨，是需要天时地利人和的。怎样才能避免悲剧呢？今天的中国就是一个极好的例子。不全盘推翻重来，而是选好点、分好块，先易后难，层层推进，建立试点，从点到面，勇于试错，积极调整，最重要的是保持连续性和持续性。渐渐地，等我们不经意回头一看，原来才不长的时间，几代人的生活早已经翻天覆地了。

沙牛

如果上天再给王莽一次机会，他会选择将自己的生命终结在哪个时刻？这问题好难。我推测，王莽还会选择做皇帝。首先是因为童年经历，爹死得早，堂兄弟可以靠爹，他不能，这样的孩子韧性好，敢于也习惯于迎难而上，他是不会惧怕做皇帝的辛劳的。其次，儒家是主张入世的，讲“修齐治平”，以天下为己任。西汉末期社会矛盾尖锐，需要有人出来解决问题，王莽当仁不让，必须把责任担起来，怎能止步于只做个君子。最后，有了上次的经验，这次一定能做得更好。估计王莽在反思的时候会明白，周朝制度之所以美好，是因为解决了当时的社会问题，让天下人过上了好日子，而不是把目标定在恢复某个制度上。不管怎样，天下大同的理想，王莽始终是有的。

永远的旅人

1. 王莽发迹不只是他个人的努力或者说钻营在起作用，更有作为外戚的王氏家族作他的后台。2. 嫡庶之争中王莽的表现很难说完全是为了维护礼制，也有巴结讨好王家总后台王政君，从而攫取更大利益的因素在内。3. 王莽的托古改制，据一些学者考证，个别政策在部分地区还是取得了一定成果的，但总的说来，王莽改制是不切实际的瞎折腾。4. 按照青年学者谌旭彬的说法，放在当时，换成别人上台也未必能比王莽做得更好，所以说西汉真是无可奈何花落去，除了改朝换代，别无出路。

羽毛

王莽的改革得到的教训是：教条主义害死人。纵观中国历史，不管改革本身是成功还是失败，改革者得以善终者寥寥，可见改革需要多么大的勇气和魄力。不管后人对王莽评价如何，至少他勇气可嘉。

摸耳垂怪

很久以前就知道王莽是个复古狂，因为不顾实际、疯狂复古而导致失败。前几年莫名其妙地突然有好多人说他像 21 世纪穿越过去的，说王莽的思想超前啦王莽是现代主义啦，我就觉得很无语，其中不乏很多并不了解历史还一味跟风的人。感谢铲史官给我们上了一课，知道王莽到底改制了啥。

编后语

为理想社会奋斗到底的王莽，为何被历史抛弃？

白居易诗云："周公恐惧流言日，王莽谦恭未篡时。向使当初身便死，一生真伪复谁知！"

班固及后世史学家对王莽的谴责，集中在其谋朝篡位改汉立新，认为他是一个可耻的投机分子兼野心家。如果周公和王莽早逝，对两人的评价也许会完全颠倒。

若以忠于一家一姓这样的道德标准作评价，则李世民、赵匡胤等推翻前朝的君主，一样要被钉在历史的耻辱柱上。而且，王莽没有经历血腥政变，是在万民拥戴、众望所归之下即位的，符合当时"更命有德，禅位让贤"的社会思潮。

但是，新朝短短十几年间，万物生灵涂炭，王莽身死名灭。这样惨烈的后果，让王莽改制成为改革的反面教材，后世反思警醒，寻味至今。

作为第一个登上皇位的儒生，王莽社会理想的形成，与从小接受正统的儒家教育有关。

儒家将上古作为理想，视现世为末流，其实也是一种复古。儒家诞生的春秋战国，是一个礼崩乐坏的混乱时代。"郁郁乎文哉，吾从周"，孔子向往周公时代封建天下的政治秩序与礼乐体制。为了实现其理想，孔子周游列国游说诸侯，因不合时宜而不被接受，栖栖遑遑如"丧家之犬"。

顺应潮流的法家，开启战国变革的潮流，最终由商鞅集大成，在秦国进行了废井田、改郡县等一系列中央集权式改革，实现了富国强兵，一统天下。但是，土地私有造成的土地兼并、贫富分化，从此成为无法解决的社会痼疾，伴随古代社会始终。中央政府、地主豪强与平民，三方力量博弈，成为古代社会治乱循环的制度根源。

到了西汉后期，社会矛盾尖锐，出现“强者规田以千数，弱者无立锥之居”的局面。汉武帝时代，董仲舒提出“罢黜百家，独尊儒术”，儒家思想逐渐成为社会主流。从小就是道德楷模的儒生王莽，被社会各界寄予厚望、推上皇位。所谓图谶符命，不过是见风使舵者的顺水推舟。

然而，理想很丰满，现实很骨感。制度固然重要，制度与人的关系却更为重要。制度是否符合国情民意，制定者和执行者能否高度融合，实不可不深思。

首先，政治分封就没有真正执行。虽然王莽以地理未定为由，但内心未必真的愿意分出手中的土地和权力。实现天下为公的儒家理想，依靠的却是高度集中的皇权与酷法。儒家的天真理想，加上法家的严刑峻法，才是王莽思想的实质。

在土地制度上，要求地主割肉出让土地，必然遭到整个地主阶层的反对；货币与税收改革导致农民与商人破产。王莽将自己推到了贵族豪强和所有平民的对立面，成为一推即倒的孤家寡人。

因为失败，王莽称帝前的表现、作为，被后世看成道德作秀，他本人也被打上了伪君子的标签。然而，先后杀掉三个儿子，妻子伤泣失明，谁又能辨明他的道德真伪？谁又能否认他的理想与初衷？在通往权力之巅的路上，也许王莽自己都已经迷失。

如果上天再给王莽一次机会，他会选择将自己的生命终结在哪个时刻？

铲史官

曹操

人才选拔制度怎样被后人玩坏

汉朝的举孝廉经过了数百年才逐渐显现弊端，而曹操的选贤制度在数十年后就完全变味了。

200 年，
曹操与袁绍为了争夺中原的统治权，
展开了官渡之战。
而帮助曹操取得决定性胜利的许攸，
是一位因品德有瑕
而受到袁绍集团排挤的人才。

emmmm
许攸

word许攸，
我可想死你了！
I miss you so much！
东汉末年·司空·曹操
帅

官渡之战的成功，
证明德行上有瑕疵的人
同样值得重用。
许攸老兄尽管很贪财，
但还是很有本事的。

曹操之所以能击败袁绍，
重要原因是用人政策上胜人一筹。
曹操用人唯才是举，
曾三次颁布求贤令，
甚至明言要重用
“不仁不孝而有治国用兵之术”的人。

呃……

曹操的用人政策，
在当时是十分离经叛道的。
因为东汉选官的
主要标准是孝廉，
即孝子、廉吏，
特别重视品行声誉。
士人们为了成名做官，
盛行道德作秀。

别人为父母守孝3年，
我却在墓道里守孝20多年，
天下闻名。
不过我也没委屈自己，
在此期间生了5个孩子。
嗨，这算啥，我和两个弟弟分家产，我拿大头，弟弟得小头，结果弟弟们成名了。然后再分家产，我自己一文不留，结果我们哥仨都出名了。
赵宣
许武
村口相声社

东汉机灵鬼儿二人组

前者叫察举，
后者叫征辟。
目的都是
开放人才上升通道。
汉·武帝·刘彻

这种制度起源于汉武帝。
在那以前，
朝廷官员多数是功臣和贵戚，
汉武帝独尊儒术以后，
要求地方官从基层选拔孝廉，
推荐给上级，
并征聘一些有名望的人做官。

替我说好话，
全乡发甜瓜！
全乡的希望
汉·候选者·瓜德帅

察举的第一步是**乡举里选**，
就是由民间的父老乡亲
评价、推举人才，
再通过政府的**考察和试用**，
最后**任命官职**。
察举重观察而轻考核，
乡里的评语往往很重要。

征辟的对象，
也大多是从乡里推举出来的名流。
另外汉朝还有一种任子制，
高官子弟可直接获得做官的资格，
但这一渠道条件苛刻、人数有限。

汉武帝时期读书人上升通道示意图
读书
毕业
在地方政府实习
拿到offer
举孝廉
在各级官署任职

汉武帝设立太学，
大量培养儒家人才。
太学毕业生到地方政府充任吏属之后，
可以通过举孝廉选拔为郎官，
进而任职各级官署。
这就开辟了一条
依靠读书做官的渠道。

注：郎官就是皇帝身边的侍从，相当于储备干部，虽然俸禄较低，但是前途无量。

由于精通经典可以做官，
经学大师们往往将其独特见解秘传子孙，
这些经学世家就能世代做官，
从而形成一个新的阶层——**士族。**
到东汉，
士族垄断了靠读书做官的渠道。

知识
改变命运，
从这个时代
就开始了！

注：东汉最著名的士族有：研究《易经》的汝南袁氏、研究《尚书》的弘农杨氏。袁绍、袁术出身汝南袁氏，曹操身边的杨修出身弘农杨氏。

月旦人物品评会

姓名：曹操
字：孟德
爱好：撕纠
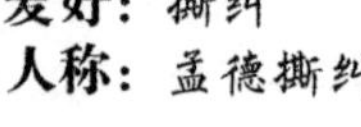
人称：孟德撕纠

【评语】

治世之能臣，乱世之奸雄
——许劭

由于乡举里选的环节
并不掌握在政府手中，
随着东汉后期品评人物的风气盛行，
一些名流把持了乡举里选，
这些名流又与当地士族勾结为朋党。
他们的评语往往能左右朝廷任免。

热衷仕途的人士为了获得好评，
各种道德作秀，
到处结交名流、依附士族。
一些高等士族，
更是借助人物品评笼络人才，
结成了与宦官集团相抗衡的政治集团。

我们汝南袁氏，
四代人接连不断担任过三公！
我就问你服不服？
袁术
袁绍
墙都不扶，就服你！

重才能、轻德行！
重才能、轻德行！
重才能、轻德行……
重要的话说三遍！
曹操

出身宦官集团的曹操，
对当时道德作秀、结交名士、
褒贬人物、华而不实的风气
深恶痛绝。
他发迹以后，
决心纠正时弊，唯才是举，
重新打开人才上升通道。

注：曹操的祖父曹腾是受宠的宦官，
曹操的父亲曹嵩是曹腾的养子。

当时，天下经过大乱，
人口大规模迁徙流动，
乡举里选已难以施行。
于是，
曹操就在本地找一个
适当的人来主持评选，
比如曹操曾让荀彧
替他举荐颍川郡的贤才。

你荀彧是颍川人，
颍川的贤才你最熟悉。
推荐一个送一个鸡腿。

没问题……
荀攸、钟繇、郭嘉、
陈群、杜袭、戏志才……

荀彧

曹操

乱世用鸡腿

这才是我真正的主公啊！
郭嘉
offer

曹操任命主持评选的人，
往往在本乡富有声望，
熟悉、掌握本地的具体情况，
能够对人物做出比较客观的评价。
吏部选官，
可以从其评语中获得初步的依据。

曹操麾下很快就人才济济。
205 年，曹操平定了袁绍集团，
统一了北方。
他为了减轻士族、名流对选官的操纵，
下令打击朋党，
当时的大名士孔融首当其冲。

我的人生愿望是：
座上客常满，
樽中酒不空。
消灭零点赞。
东汉末年·大名士·孔融

叭！
真是的，
要那么多赞干甚？
曹操

孔融因 7 岁让梨而闻名天下，
他喜欢推荐名士，
结成了实力雄厚的朋党。
在孔融背后为他撑腰的，
是高等士族弘农杨氏。
208 年，孔融被曹操罗织罪名杀害。

尽管曹操忌惮名流品评人物，
但选官又不得不借助这种机制，
于是就由他自己来任命主持评选的人，
设定评选标准。
这样就把选官的所有环节
都收归政府掌控。

我们的目标是什么？
发展下线！

谁来招人？
我们来招！

你们是谁？
最忠于您的部下！

我也是人才。
滚！
吕布
曹操

220 年初，曹操逝世，
其子曹丕继任魏王，
并积极准备篡汉称帝。
这就要求他以自己的私家班底为主体，
并吸纳部分东汉旧朝臣，
组建一个新朝廷。

既要维护自己人，
又要稳住局面。
这就是官场政治。
东汉末年·魏王·曹丕

我的班底，个个都是人才，
说话又好听，我超喜欢。
所以不能让汉朝那些
腐败分子混进来。
陈群
曹丕

这时，就必须有一套审核机制，
对东汉的旧臣进行品评。
为了公平起见，
魏国官员也要接受品评。
不久，吏部尚书陈群向曹丕提议，
设立九品中正制来审核官员。

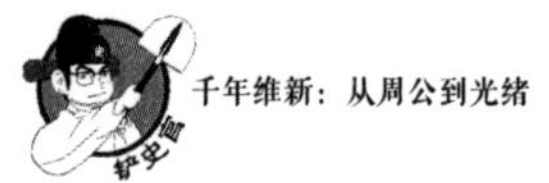
护史官

九品中正制，又称九品官人法，
就是在各郡设立一位中正，
中正由现任中央官员兼任，
负责评选该郡人才，
并把人才分为九个品级，
吏部再按品级高低授予大小官职。

上上
上中
上下

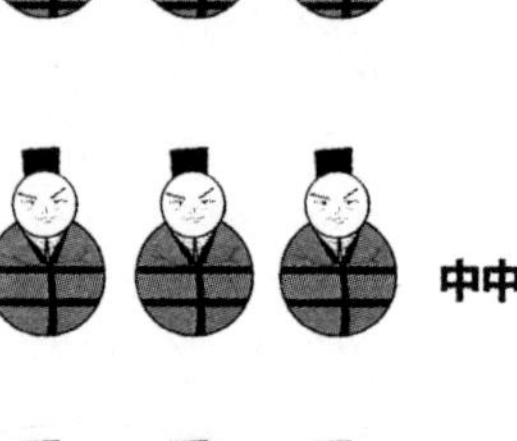
中上
中中

中下

下上

下中

下下

注：在九品中，一品徒有其名，一般没有人获评。二品是地位最尊、前途最好的品级，三品以下，都属于卑品。

220 年底，
曹丕逼迫汉献帝刘协禅让，
继而登基称帝。
九品中正制帮助曹丕
顺利建构新朝廷，
保证政权平稳过渡。
而负责评选人才的**中正**，
也就成为了魏国的 **HR**。

部源资力人魏大
说一下你的工作经验。
在县、郡、州都干过。
职位是？
门卫。
HR
应聘者

干得漂亮！
呃，父亲……
曹丕

九品中正制是一种新的选官制度，
对历史影响深远。
这一制度既继承了
乡举里选的传统形式，
又结合了品评人物的流行风气，
还是曹操选贤办法的一种延续。

虽然九品中正制
把曹操时代由政府控制人才评选
的方法制度化了，
但却把平民百姓排除在评选范围之外，
一定程度上堵塞了
由曹操开辟的人才上升通道。

挺好的制度，
被这帮败家子给玩坏了！
哦，爹地，
不要再给我
托梦了……

我们只能打酱油？
平民
酱

虽然早期的九品中正制比较看重
才干、德行，
同时也兼顾门第、家世，
品级每三年还会升降调整一次。
但无论品级高低，
都只是统治阶级内部矛盾。

小爱提问
九品中正制为什么要把平民排除在外呢？

因为这一制度是曹魏与士族妥协的产物。

合作愉快！
司马懿

尽管曹操一度严厉打击士族，
但许多士族为了家族前途，
不得不转变态度，积极与曹氏合作。
而曹丕为了统治天下，
也必须与士族妥协，
用九品中正制保证其政治特权。

司马懿掌握魏国大权以后，对九品中正制进行了一些调整，其中的原因，要追溯到东汉时代……

志在天下
蜀

东汉以来，
高等士族与普通地方士族
逐渐分道扬镳。
高等士族不满足于掌控地方，
而是走向中央，
将影响力扩展至全国。
汉末大乱时，
高等士族还参与军阀博弈。

我们的愿望是国家统一。国家越统一，我们的势力就越强大。
我们的愿望是国家分裂。国家越分裂，我们就越容易盘踞地方。
地方士族
高等士族

曹操崛起后，
很多高等士族归附于他旗下，
并积极参与政权建设。
但在此期间，
大量地方士族依然盘踞地方，
与朝廷的联系并不密切。

呵呵。
朝廷内部高等士族越多，
向心力就越大；
地方士族越多，
离心力就越大。
司马懿

九品中正制最初只设立了郡中正，
这就造成中正评选
容易被各郡的地方士族所操控。
司马懿掌权以后，
有鉴于此，
决心进一步强化朝廷
对品评的控制。

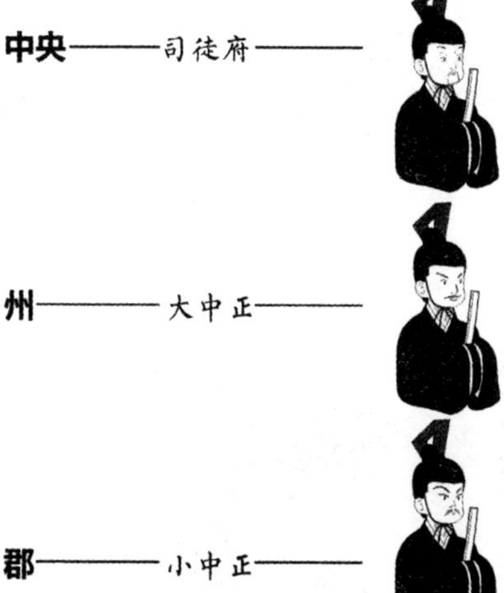
中央——司徒府——
州——大中正——
郡——小中正——

司马懿为了加强中央集权，
打击地方士族，
在**郡中正**之上，又增设**州中正**，
州中正直接对司徒府负责。
这样，
各郡的地方士族
就没有办法操纵中正评选了。

我们也打酱油了？
地方士族
酱

但是，这样改革的严重后果是，
九品中正制越来越重视门第出身，
轻视才干、德行。
选官范围进一步缩小，
地方士族也被排除在权力核心之外，
成为了寒门庶族。

司马炎建立西晋后，
出身寒门的人，
纷纷抨击九品中正制，
要求废除这种制度，恢复乡举里选。
“上品无寒门，下品无势族”
的著名论断就是在这时提出的。

哼！
恢复乡举里选，地方士族就重新得势，中央集权就会削弱，汉末大乱就会重演。你当我傻？
司马炎

史
这里的“寒门”指普通地方士族，“势族”主要指得势的高等士族，二者都属于统治阶级。

连普通士族都这么绝望，平民百姓还有啥指望呢？

魏晋名门·琅琊王氏·王导
东晋·开国皇帝·司马睿

“王与马共天下”

让司马懿始料未及的是，
高等士族把持中正评选后进一步膨胀，
成为势压皇权的门阀。
九品中正制沦为门阀的特权工具，
造成社会阶层严重固化，
直到隋代才被科举所取代。

九品中正制：人才上升通道怎沦为特权工具？

自古以来，社会阶层的固化与流动，始终是困扰统治者的一道难题。阶层流动性太强，容易引起局势动荡、秩序混乱，影响国家安定；而阶层过于固化，又容易导致社会活力降低，底层人士过于压抑，国家死气沉沉，无法应对内忧外患。因此适度开放人才上升通道，对于一个国家至关重要。

周朝克商以后，建立了一套以血缘亲疏关系来确立高低贵贱的贵族宗法制度。天子之下有诸侯，诸侯之下有卿大夫。卿大夫的禄位都是可以世袭的，被称作“世卿世禄制”。而卿大夫之下，最基层的贵族叫作“士”。士虽然不占有封地，但也属于统治阶层的一员。士以下的庶民才属于被统治的劳动阶层。在周朝的制度下，投胎技巧基本决定人生高度。

西周、春秋时期，庶民与贵族之间的流动性较小，而士则可以通过到卿大夫家当门客、家臣，来求取升迁。春秋时期，随着统治秩序崩坏，士的流动性进一步增强。鲁国卿大夫季孙氏的家臣阳虎，甚至掌控了鲁国全国的实权，这也就是孔子所谴责的“陪臣执国命”。

战国时期，贵族养士的规模进一步扩大，士还可以通过战争立功、外交游说、干谒国君等方式求取富贵。苏秦在得志以前，就是一个颇为潦倒的士，可是干谒游说大获成功后，佩六国相印，可谓位极人臣、风光无限。

战国时期各国为了富国强兵，纷纷变法：废除世卿世禄制，打破贵族特权，建立军功爵制。此后，贵族们因没有军功而纷纷失去特权，而大量庶民通过战争获授爵位，以爵位高低占有相应大小的土地，从此成为统治阶层，登上政治舞台。贵族与庶民之间的界限逐渐模糊。正是凭借这种军功爵制，秦国最终得以东吞六国，建立起中国历史上首个大一统帝国。

西汉建立以后，朝廷里的官员大多数是军功阶层和贵戚。汉朝的军功阶层，大多数是出身于淮北地区的楚国庶民，追随刘邦战胜项羽，成为功臣。军功阶层最高爵位为列侯，食邑最多为万户。这一世袭阶层从高帝时期到武帝初年，一直占据了朝廷中的大部分官位。这段时间，汉朝并没有建立一种人才上升的长效机制，社会阶层趋于固化。

到汉武帝时，通过察举和征辟，大规模起用来自社会底层的人才，替换掉朝廷中的军功阶层。察举的科目包括孝廉、秀才、贤良方正等。最终举孝廉成为察举最为重要的科目，不仅人数众多，而且常态化，从此开辟了一条通过读书来做官的上升通道。

由于举孝廉的主要对象是包括太学毕业生在内的儒家人才，再加上察举制的第一环节乡举里选由民间掌握，到东汉中后期，举孝廉这一渠道就被垄断儒学的士族与品评人物的名流联手把持，社会阶层再次趋于固化。

曹操崛起以后，针对时弊，把人才评选权从士族和名流手中夺过来，由政府控制这一环节，并且自己制定评选标准，这样就形成了九品中正制的雏形。曹操曾让荀彧举荐颍川郡的贤才，荀彧就相当于颍川郡的小中正。曹操平定荆州后，让韩嵩品评荆州人士的优劣，韩嵩就相当于荆州的大中正。

曹操设立这一制度，与汉武帝举孝廉的初衷是一致的，都是为了打开人才上升通道，促进社会阶层流动。但是这两种制度实施的最终后果，都是人才上升渠道被士族把持，成为少数人的专用通道。

所不同的是，汉朝的举孝廉经过了数百年才逐渐显现弊端，而曹操的选贤制度在数十年后就完全变味了。但这并不能证明九品中正制相较于举孝廉是一种制度的退步。

这是因为，士族在汉朝尚处于缓慢成长期，并没有在短时间内形成气候，而曹操时代的士族，已经形成了财大气粗的利益集团，拥有呼风唤雨的社会能量。虽然士族一度遭到打压，但很快就与曹氏形成合作关系，从此寄生在曹魏政权的躯体上，使得九品中正制迅速沦为其特权工具。

因此，虽然九品中正制相对于举孝廉是一种制度的进步，但由于受到士族日益膨胀这一社会发展趋势的影响，并没有收到其应有的实际效果。而对付士族门阀最有效的撒手锏，直到几百年后才出现，那就是科举考试。

然而，一种新制度的诞生，总是一个循序渐进的过程，因此，我们不能苛求汉末的曹操没有及早发明科举来对付日益膨胀的士族。

史
铲史官

北魏孝文帝

一场奠定隋唐基础的汉化大转型

隋唐盛世的形成，既建立在孝文帝改革所奠定的制度基础之上，同时又离不开胡化运动对孝文帝全盘汉化的纠偏。

西晋末年，五胡入主中原，
严重破坏了中原王朝
原有的社会结构。
部落贵族取代原有的门阀官僚，
农业生产遭到游牧民族的破坏，
大量士族逃往南方。

呱——————！
这么肥沃的田地，
不用来放牧真是可惜了啊！
老大说得好！
游牧贵族·阿鹿桓

哈哈哈，
拆迁队都拿我没办法，
更何况你们！
坞堡

很多未南渡的汉人士族修建坞堡，
聚族而居，控制了大片土地和
大量农民，
还拥有私人武装。
游牧民族建立政权后，
为了巩固统治，
只能承认他们的既得利益。

朕乃北魏
汉化组组长。
北魏·太武帝·拓跋焘

4—5 世纪，
拓跋鲜卑崛起于山西北部的代地，
建立北魏，并逐步统一了北方。
到太武帝拓跋焘的时代，
正处在游牧向农耕过渡阶段，
并逐渐接受汉人文化。

就问我怕过谁？
崔浩

当时，
北魏国内的民族、阶级、宗教矛盾
都十分尖锐。
出身汉人士族的三朝重臣
崔浩一直努力推动汉化。
后来，
鲜卑贵族为了打击汉人士族
而将崔浩灭族。

奠
呃……

471年，
年仅5岁的孝文帝拓跋宏登上皇位，
由太皇太后冯氏临朝摄政。
冯太后出身汉人士族。
她摄政以后，
大刀阔斧地改革朝政，
推动国家的汉化。

本宫出身北燕皇室，
而北燕皇室又是长乐冯氏的一支。
北魏·冯太后
孝文帝

由于北魏
“子贵母死”的传统，
冯太后并非
拓跋宏的亲祖母，
但却将他抚养长大。

北魏官吏没有俸禄，
靠赏赐和侵夺公私财产为生，
导致吏治腐败和阶级矛盾激化。
冯太后实施“**班禄制**”，
按品秩高低，定期发放俸禄，
并严惩贪污。

这个月连茶叶蛋
也买不起了……
北魏·文官·梅友谦
工资条

他们生是我的人，
死是我的死人！
北魏·宗主·钱发财

北魏境内，
游牧和战乱导致大片田地荒芜，
而坞堡主人却大肆兼并土地。
北魏任命他们为宗主，督护百姓。
那些由宗主控制的农民没有户籍，
国家不得征调。

国家的人就是我们的人，
我们的人就是国家的人~！
党长
里长
邻长

宗主督护制严重影响
国家的赋税收入和徭役征发。
冯太后摄政后，
施行“**三长制**”，
以五家一邻，五邻一里，五里一党，
各设一长。
这样就有利于国家控制户口。

随着“三长制”的推行，
以前被宗主隐匿的大量户口
由国家直接控制。
485 年，
北魏政府推行“**均田制**”，
将无主荒地分配给农民耕种，
并以此收取租税。

和平年代

战火纷飞

『均田制』后

按照均田制，每个15岁以上的男子，
可以授得种植谷物的露田40亩，
女子也可以授得20亩。
所授之田不准买卖，年老或者身死，
就要还给官府。

注：因考虑休耕轮作，授田时一般按休耕周期增加一至两倍，称作“倍田”。所以每个男子实际授田至少为80亩。

我这不是
在做梦吧……

农夫、
山泉、
有点田。

请叫我……
村上桑树。

每个男子还另授桑田20亩，
限3年内种上桑、枣、榆等树。
桑田可终身不还，乃至世袭，
但限制买卖。
在不宜种桑地区，
每个男子授麻田10亩，女子5亩。

我也能分到小田田？
奴婢

为了缓解豪强士族的反对，
均田制不得不兼顾他们的利益，
规定奴婢和耕牛同样可以授田，
土地归主人所有。
奴婢授田，人数不限；
耕牛授田，每户限4头。

同样是分田，
北魏均田制与
王莽王田制有何区别？

均田制所分的主要是无主荒地，
王田制所分的是豪强的土地。
均田制并非绝对平均，
既保证农民最低耕种标准，
又对豪强有所限制，
所以可行性更高。
史

你们奴婢凭啥税那么少？
我们上缴国家的税虽然少，却要遭受双重剥削，要不你来试试？

耕种均田需要向国家缴纳租税，
一对夫妇需缴纳粟 *2* 石、绢 *1* 匹。
成年单身汉的缴税标准是
一对夫妇的 *1/4*，
奴婢是 *1/8*，耕牛为 *1/20*。
税率还是比较低的。

北魏汉化组组长又上线了！
北魏·孝文帝·拓跋宏

随着均田制的推行，
北魏的农业人口越来越多，
逐渐完成了向农耕王朝的转型。
490 年，冯太后薨，
孝文帝完全掌握朝政，
以更大的力度推行汉化改革。

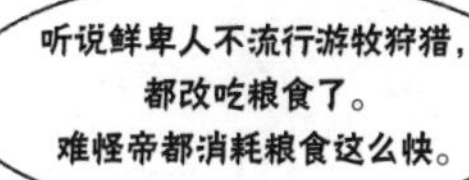
听说鲜卑人不流行游牧狩猎，
都改吃粮食了。
难怪帝都消耗粮食这么快。

手里捧着窝窝头，
菜里没有一滴油。

随着农耕国家的成形，
北魏都城平城（今山西大同）
的粮食消耗量越来越大，
而周边耕地贫瘠，产粮供不应求，
平城与中原又不通漕运，
粮食供应就越来越艰难。

另外，平城是拓跋鲜卑的龙兴之地，
拒绝汉化的保守鲜卑贵族势力
最为集中。
为了进一步推动汉化改革，
孝文帝也需要在中原
为北魏另找一处都城。

这波操作你服不服?

孝文帝

洛阳地处天下之中，
相传上古时出现过河图洛书，
定都在那里最容易获得
文化正统性。
另外，洛阳漕运发达，
又能节制四方，
无疑是北魏定都的理想之地。

中条山
洛阳
黄
河
成皋
巩县
河南
崤山
水
洛
伊阙
伊
太谷
轘辕
嵩山
箕山
熊耳山
水
外方山

下班了大家先别走，过来开个会！
孝文帝
18:00
呃……
北魏贵族
拓跋澄

孝文帝决心把都城迁到洛阳，
又怕大臣们阻挠，
于是**先提出要大举进攻南齐**。
结果遭到鲜卑贵族们的强烈反对，
其中任城王拓跋澄态度最为坚决。

我决定近期
修理一下南齐。
大家觉得怎么样？
一把手
不怎么样！
我们反对！

既然这样，
散会吧。
澄，你留下。
一把手
朕刚才发怒，
是吓唬他们的。
打仗是假，
其实我想迁都。
一把手
这招够狠~
听你安排！
瞬间明白

社稷是朕的社稷，
你怎敢阻挠朕用兵？
一把手
社稷虽是陛下的，
但臣是社稷的臣子，
有权参与国政，
怎能有话不讲？

493年，孝文帝亲统大军30万，
从平城出发征讨南齐。
走到洛阳时，
正好赶上秋雨连绵，
道路泥泞，
孝文帝就顺势提出定都洛阳，
贵族、官员只好应允。

风大雨大，
要不咱们继续南征，
要不在这儿休息一下，
定个都什么的。
孝文帝
讨逆
洛陽

只要不继续南征，
您说怎么办都行。
累死了。
贵族官员

我不多说，
看这个。
洛阳学区房
让孩子
赢在起点！
孝文帝

孝文帝又派拓跋澄劝说
留守平城的贵族迁都，
并亲自解释迁都的种种好处，
最终劝服了他们。
定都洛阳以后，
孝文帝开始全面革新鲜卑旧俗。

哈哈拖把。
中原士族
鲜卑贵族·拓跋氏

当时，鲜卑贵族
虽然政治地位高，
但由于出身部落酋长，
社会地位远不如
中原汉人传统士族，
孝文帝汉化改革，
就是要让鲜卑贵族
取得与中原士族同等的地位。

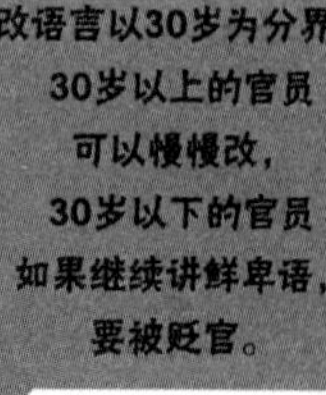
改语言以30岁为分界
30岁以上的官员
可以慢慢改，
30岁以下的官员
如果继续讲鲜卑语，
要被贬官。

北朝鲜卑服
汉化
南朝汉服

孝文帝首先变革的是服饰，
废除短衣窄袖的鲜卑胡服，
改穿宽袍大袖的汉服，
官服也仿照南朝样式。
其次是在朝廷中禁止说鲜卑语，
统一讲汉语。

孝文帝要求南迁的鲜卑人
更改自己的籍贯，
不得再称代人，
而要称河南洛阳人，
死后也要安葬在洛阳。
这样才能断绝鲜卑人的故土之恋，
真正转变为中原人。

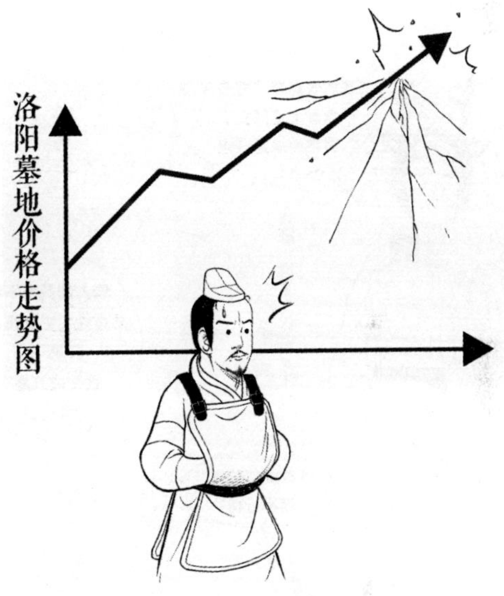
洛阳墓地价格走势图

注：籍贯对于门阀士族至关重要，士族在表示出身时，经常在姓氏前加上籍贯，比如清河崔氏、范阳卢氏。

语言和籍贯都改了，
孝文帝接下来要改掉鲜卑人的姓氏，
连皇族拓跋氏也要改为元氏。
鲜卑贵族只有改姓，
才能与汉人士族通婚，
取得与士族平等的社会地位。

鲜卑姓	汉姓
拓跋 →	元
步六孤氏 →	陆
贺赖氏 →	贺
贺楼氏 →	楼
独孤氏 →	刘
忽忸于氏 →	于
丘穆陵氏 →	穆
纥奚氏 →	奚
尉迟氏 →	尉
……	

我叫伏鹿孤·贺鹿浑，
我看上您闺女了，
请把她嫁给我吧！
北魏·镇北大将军·陆叡
北魏·士族·博陵崔氏
你人倒是挺不错，
只是姓名中有两头鹿，
再来一头，
就变成三鹿了。
太绕口。
我改成“陆叡”
还不行吗？
嘻嘻……

鲜卑八姓
穆 陆 贺 刘
楼 于 嵇 尉
汉人四姓
范阳卢氏 清河崔氏
荥阳郑氏 太原王氏

孝文帝改姓氏、籍贯的目的，
是要建立门阀制度。
495年，
孝文帝按照官爵重新评定姓族高低，
鲜卑八大姓被定为第一等士族，
与汉人四大士族享有同等地位。

相爱没有那么容易，
每个人都有他的地位。
孝文帝

孝文帝以法律形式
规定门阀高低，
以后选官只看门第，
不看才学。
这是因为，鲜卑贵族地位虽高，
文化水平仍比较低，
只有按门第选官，
才能维持胡汉均势。

靠门阀

护史官

孝文帝还效仿南朝，
革新官制、刑律。
然而，
他的全盘汉化
激起了一些鲜卑贵族的反对。
496 年，
太子元恂逃到平城发动叛乱。
不久叛乱被平息，
元恂被赐死。

骚年！
来包鹤顶红冷静一下！
孝文帝
元恂
鹤顶红

打仗不如跳舞

鲜卑贵族门阀化以后，
失去勇武质朴的气质，
迅速腐化。
那些留守北方的鲜卑人
被排斥在门阀之外，
政治地位骤降。
这些都为北魏的统治埋下了
无穷隐患。

北周王朝奠基人·宇文泰
西魏
东魏
北齐王朝奠基人·高欢

改革后的北魏，
民族、阶级矛盾都得到缓和，
国力达到鼎盛。
但是门阀制度却造成
鲜卑贵族内部分裂，
导致北魏在孝文帝死后 30 多年，
就迅速分崩离析了。

终究有一天，
这铲子，
会交到那个人手上。
孝文帝
奠
基

但是，
改革带来的民族融合、
均田制等成果，
却为后来的隋唐盛世
奠定了坚实的基础，
开创了中国历史上
一个全新的时代。

读者有话说

王小二

感觉孝文帝的改革目标似乎是将鲜卑人加入门阀政治，相当于北魏的魏晋南朝化，结果也引发了相同的问题——士族堕落，武备废弛。与南朝不同，北魏直面游牧民族（主要是柔然）的压力，必须依靠边镇军事集团，但改革时又不给他们相应的地位，使他们日益边缘化，最终激化为内乱和分裂。

羽毛

北魏孝文帝改革，实际上前期主要是冯太后的改革，这个女人不简单，个人认为可以算得上中国女子政治家第一人，在武则天之上。如果没有冯太后良好的开头，孝文帝改革的阻力会更大。但这个改革，从政治的角度来讲，加速了民族的融合，有利于隋唐的大一统；而从人类学的角度来讲，孝文帝却用最快的速度灭掉了自己的民族。这也是古代少数民族在跟汉族交往时的一个窘境，不汉化，死得快，譬如元朝；汉化，民族没有了，譬如北魏。

侯宇

离开经济谈政治都是耍流氓。面对逐渐扩大的疆域和子民，必须有更加高效的经济体制做支撑，同时需要有适宜的政治体制进行统合约束。那么，由草原进入农场，由游牧经济转向农耕经济，汉化就是必然的，这不是想不想，而是能不能的问题。如果成功，就是“帝之五子，遁于朔方”；不成功，就是“胡虏无百年国运”。

编后语

利在千秋、过在当代：北魏改革搞垮了自家却成就了隋唐

北魏孝文帝改革，大致可以分为前后两期，中间相隔大约十年时间。

第一次是在太和九年（485）前后，变法的实际主持者是冯太后，最终由孝文帝完成，主要内容有三项：班禄制、三长制、均田制。

这三项改革使北魏得以超越此前的五胡政权，在中原地区开创了一种崭新的王朝模式。其中，班禄制推动了鲜卑军事贵族的官僚化；三长制加强了中央对基层的控制，有效遏制了豪强的膨胀；均田制保证了财政输入的稳定，缓和了阶级矛盾，促进了农业发展。这三项制度一改魏晋旧制的颓靡和游牧习俗的粗莽，建立起一套具有上升潜力的官僚政府体系，奠定了隋唐盛世的制度基础。

第二次改革在孝文帝太和十七年（493）迁都洛阳之后，主要内容为全盘汉化。

这一次改革，实际上是前一次改革的延续。北魏通过第一次改革，其政权形式从军事贵族政治转变为官僚政治，原先文化水平较低的鲜卑贵族，就难以胜任官僚政府的职位。因此，新的官僚政府，必须大量吸收文化水平较高的汉人士族子弟，才能保证政府的正常运行。但是汉人士族又十分鄙视鲜卑贵族，二者社会地位悬殊，矛盾很深、难以共事。

因此，为了把鲜卑贵族尽快改造成合格的政府官僚，必须主动推行汉化；为了缓和胡汉矛盾，使鲜卑贵族取得与汉人士族相等的社会地位，必须建立门阀制度，鼓励鲜卑贵族与汉人士族通婚。

然而门阀制度的建立，却导致了鲜卑贵族内部的分裂。

孝文帝南迁洛阳以后，北方代地和六镇还有为数众多的鲜卑贵族，他们汉化程度较低，主要负责武事，依然保留了部落酋长的风气。

而孝文帝评定鲜卑姓族高低时，又是以这些姓族当时的官爵大小为标准的，在洛阳中央朝廷担任高官的八大姓，被评为第一等。而那些留守北方的鲜卑贵族，则完全被排斥在门阀之外，甚至沦为庶族，再也无法进入权力核心，因此不满情绪日益滋生。

而那些南迁洛阳的鲜卑贵族，在门阀制度的保证下，获得了极高的政治地位和社会地位。但是这些门阀贵族的文化水平又不可能骤然提升，他们由于缺乏“居安思危”的政治修养，在物质刺激下迅速腐化。

门阀贵族的腐化和六镇鲜卑的不满，最终引发了六镇、河阴之乱及胡化运动，导致了北魏政权的分崩离析。

但是，如果没有这次胡化对孝文帝汉化的纠偏，其门阀制度会导致北朝一直腐化下去，也就不会有后来的隋唐盛世。这也正如陈寅恪的著名论断：“李唐一族之所以崛兴，盖取塞外野蛮精悍之血，注入中原文化颓废之躯，旧染既除，新机重启，遂能别创空前之世局。”

所以，隋唐盛世的形成，既建立在孝文帝改革所奠定的制度基础上，同时又离不开胡化运动对孝文帝全盘汉化的纠偏。

铲史官

唐太宗

少花钱、多办事的政治精算师

在中国制度史上，李世民虽然不是制度的开创者，却是承上启下的关键人物。

七世纪初，隋末天下大乱，
李渊家族从太原起兵，
以关中为基地统一天下，
建立唐朝。
626年，李世民发动
玄武门之变!!
登上皇位，
年号贞观（庙号唐太宗）。

李世民

连易拉罐都没人捡……真的是没人了。
可朕还想在贞观六年封禅泰山。这个咋安排呢?
安排?
从河南到山东，这一路民生凋敝路途艰难，难道要向随行的戎狄展示我大唐虚弱的一面?
唐·宰相·魏徵
唐·太宗·李世民
狗子の凝视

然而李世民接手的却是一个烂摊子：
隋炀帝时全国户口有890万，
到贞观初年只剩不到300万。
尤其是久经战乱的崤山以东地区，
人烟稀少，经济凋敝。

当时，
唐朝北方面临东突厥、薛延陀的威胁，
西边面临吐谷浑的骚扰，
东突厥兵锋甚至一度进逼长安。
另外，
河北地区不服唐朝统治，
社会动荡不安。

为什么要背弃和约？
不怕我反杀吗？
社会我可汗啦！
劈里啪啦！
啊！
颉利可汗
李世民

抢走你的大宝贝儿！
拿走拿走别客气！
大运河
粮食科举
三省六部
唐·高祖·李渊
隋·炀帝·杨广

但是，
唐朝也从隋朝继承了
沟通五大水系的大运河、
存有大量余粮的粮仓，
以及三省六部和科举
这一整套优越的国家制度。

铲史官

打车票、饭票、
住宿费……
超额发票统统驳回！
李世民

李世民需要对这套制度进行改革完善
使之更加适应唐朝的国情。
吸取表叔杨广大手大脚导致亡国的教
李世民决心将少花钱、
多办事的宗旨贯彻到底。

1 政治·减员增效

擅权？
效率低下？
是在说我
大汉朝、大宋朝吗？
铲史的，你再这么说，
小心我们给你一只送终鸡。

唐帝国的财政开支，首先要养官。
官僚机构人数太少，
大臣就会擅权，对皇权构成威胁；
人数太多，
就会人浮于事、效率低下，
加重财政负担。

送终鸡→

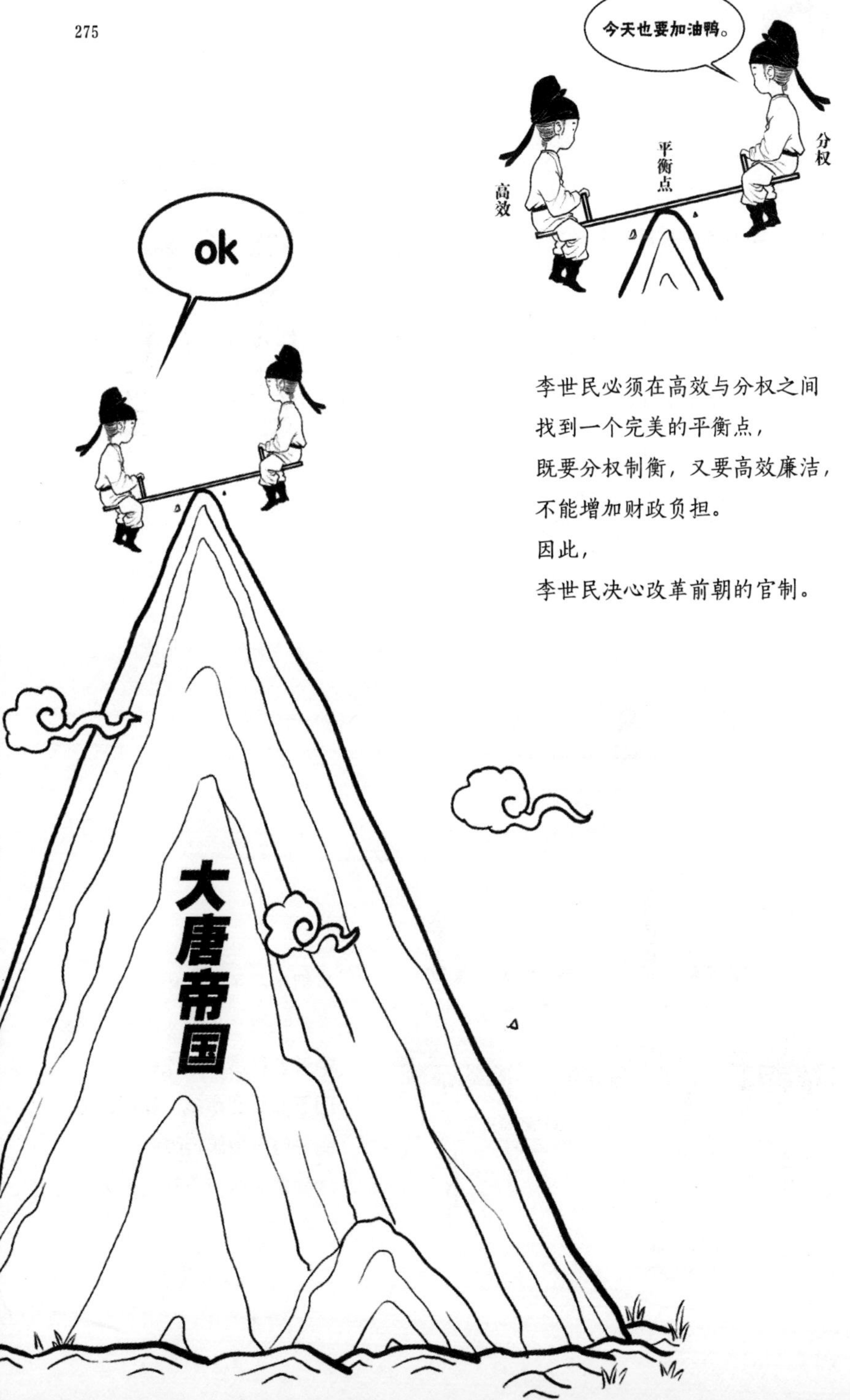
今天也要加油鸭。
高效
平衡点
分权
ok
大唐帝国

李世民必须在高效与分权之间
找到一个完美的平衡点，
既要分权制衡，又要高效廉洁，
不能增加财政负担。
因此，
李世民决心改革前朝的官制。

秦汉三公权力太大，
汉武帝开始让
尚书、中书等秘书近臣参与决策，
架空外朝三公。
到曹魏，三公权力彻底被尚书取代。
到东晋，
侍中也加入到决策圈。

三公
尚书
中书

注：侍中的机构叫作门下省，与中书省、尚书省共同构成“三省”。东晋以后逐渐形成中书、门下分管决策，尚书管执行的三省体制。

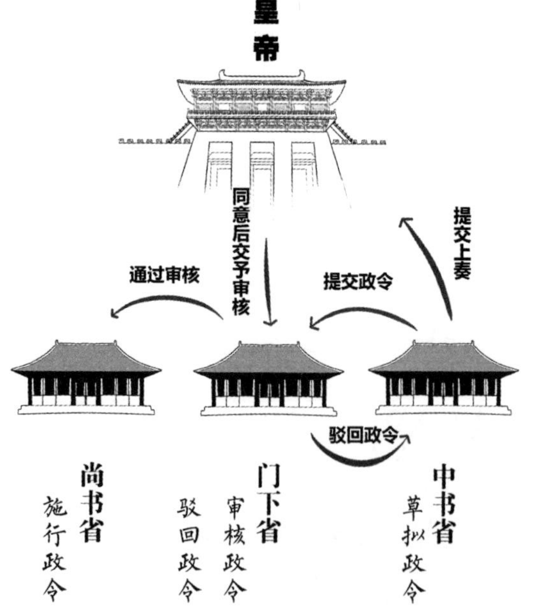
皇帝
同意后交予审核
提交上奏
通过审核
提交政令
驳回政令
尚书省
施行政令
门下省
审核政令
驳回政令
中书省
草拟政令

唐朝继承了三省体制，
李世民把三省的分工加以明确：
中书省负责草拟政令，
门下省负责审核、驳回政令，
尚书省负责施行政令。
这样就能达到分权制衡的目的。

为了防止三省互相扯皮，
李世民完善政事堂制度：
三省高官上午会聚政事堂
协商政务，
下午回到各自部门执行。
这样就能避免因分权而导致
效率低下。

那中午……
是不是可以搓一顿呢？
官员

尚书省

左仆射 —— 尚书省 —— 右仆射

吏部：吏部司、司封司、司勋司、考功司

户部：户部司、度支司、金部司、仓部司

礼部：礼部司、祠部司、主客司、膳部司

兵部：兵部司、职方司、驾部司、库部司

刑部：刑部司、都官司、比部司、司门司

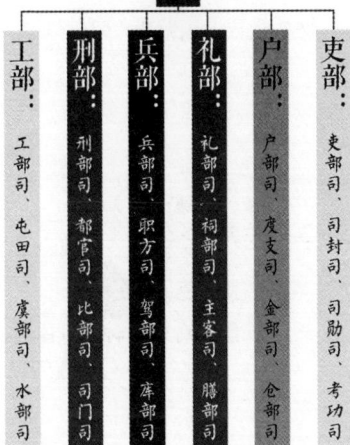

工部：工部司、屯田司、虞部司、水部司

李世民担心尚书令权力太大，
取消了这一职位，
职权分属左、右仆射。
尚书省下设六个部，
每部各管辖四个司。
这样就能做到分工明细。

注：关于尚书令取消，也有说法称是因为唐太宗之前当过尚书令，所以后来这个职位就基本不安排人了。

铲史官

安全快捷，一秒到账！
你疯狂购物，我替你买单！
无须卖身！无须卖肾！
只需认准我大唐世民分期！
李世民

为了给财政减负，
李世民大规模精简京官。
隋朝的京官编制为 2581 人，
李世民一口气减为 643 人。
为了进一步减负，
甚至通过向民间放贷的方式
来解决官俸。

凉
凉

《全国人民喜迎大裁员》
——大唐日报

唐初为了笼络归附的豪杰，
广设州县，导致州县数倍于隋朝。
李世民上台后，大量裁并州县，
全国共设州府 358 个、县 1551 个，
彻底扭转了民少官多的弊病。

侬看，又省下一笔！
李世民

李世民把全国分为十“道”，
每年派出大员到各道巡查。
并把各州官员的名字写在卧室屏风上，
把巡查所得的优劣情况
记录在名字下面，
作为奖惩依据。

谁要不听话，
绩效搞死他！
绩效表
李世民

2 军事·兵农合一

跟着柱国、大将军走，
什么全都有！
只打仗，不耕田，全家乐开颜。
那副铠甲很漂亮哦！
鼠也不错！
西魏、北周士兵

西魏、北周府兵制：
军队指挥权：柱国、大将军。
士兵来源：鲜卑人、胡化汉人。
兵农分离

除了养官之外，
唐帝国的另一项财政开支就是养兵。
唐朝继承了西魏以来的府兵制，
但北朝府兵制的实质是军队部落化，
带兵的柱国、大将军位高权重。

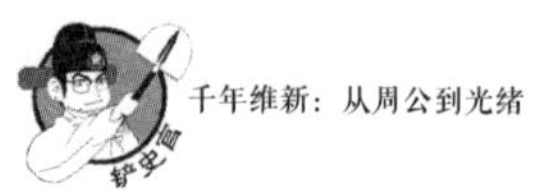
铲史官

隋、唐府兵制：
军队指挥权：皇帝。
士兵来源：广大平民。
兵农合一

隋朝继承府兵制后，
削弱了武将对军队的控制。
到李世民时代，军队国家化走向成熟：
由皇帝直接统军，扩大士兵来源，
并且兵农合一，让士兵耕田自养。

小心我鬼畜你。

报名参军，
有搞头！
征

贞观十年（636年），
李世民下诏在全国各地建立**折冲府**，
征选健壮男子，
*20*岁入伍，*60*岁退伍。
平时耕田，每年冬季农闲，
由折冲将军集结并操练武事。

注：折冲府只管征兵、练兵，不管作战，职能类似于今天的人武部。

这次带领咱们打仗的将军，好像叫李勣。
不对不对，他叫李世勣。
你们都不对，他姓徐，叫徐世勣。
摸不到脑袋三人组

注：徐世勣被李渊赐姓"李"，在李世民上台后为了避讳，省去"世"字。

和平时期，府兵轮流值戍京师。
战时，则由朝廷派出将领，
集结府兵参战；
战后，府兵归农，将领回朝。
既可避免武将专擅，
又无须耗费财政长期养兵。

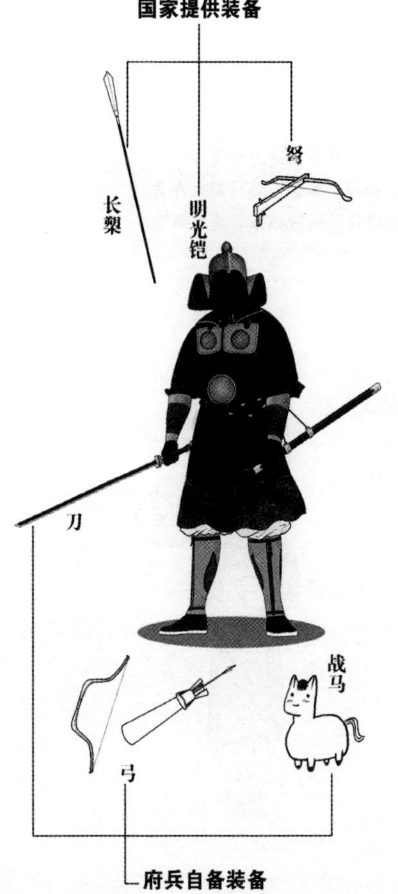
国家提供装备
长槊
明光铠
弩
刀
弓
战马
府兵自备装备

折冲府征兵，
必须保证军户有剩余男丁
从事农业生产，
并减免军户的赋税、徭役。
与西汉的全民皆兵制相比，
府兵制有选拔机制，兵员素质更高，
军户负担更轻。

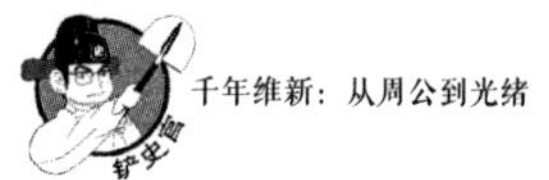

上述管制器具
请不要带上
交通工具哦。

李世民通过改革，
既削减了养官、养兵两大开支，
又提升了行政效率、兵员素质。

他可真是个会算账的精算师！
接下来，
就要真正给老百姓减负了。

3 经济·藏富于民

唐朝继承了北魏以来的

均田制，

国家把空余田地授予农民耕种，

农民成年则授田、年老则还田。

这样既能增加民众财产，

又能为官府创收。

均田制，就是
农夫，山泉，有点田啦。
具体制度可查看
上期《孝文帝》。

不说了，搬砖去了……
租
庸
调
每年
粟2石
服徭役20天
绢2丈、绵3两或
布2.5丈、麻3斤

注：如不需要服役，则按照每天缴纳绢3尺或布3.75尺的标准，交足20天的数额以替代。如加役25天，则可免缴调；如加役30天，则租、调全免。

唐朝根据均田制的授田情况，

向农民征收“**租、庸、调**”

三种形式的赋税徭役。

租就是**田租**，

庸就是为国家服**徭役**，

调就是**缴纳布帛**。

铲史官

抢我的粮减你的负……
如果能打110的话
我能让报警电话欠费。
粮食
杨广

租庸调制的好处首先是轻徭薄赋。
汉朝的田租是收成的 *1/30*，
而唐朝的税率仅 *1/40*；
汉朝需服役一个月，唐朝少了 *1/3*；
缴纳布帛也要比北魏少一半。

大家帮忙搬一下砖！
官员
我们兄弟表示没有听清楚。
农民

租庸调制第二个优点是
项目分明、税率清楚，
除了租、庸、调外，
官府不能随意摊派杂项，
加重人民负担。

注：与唐朝相比，汉朝农民就算是没田，也要缴人头税、服徭役，导致他们不得不卖身为奴、亡命为盗。

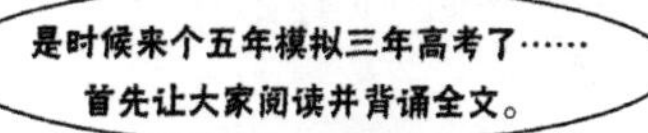
是时候来个五年模拟三年高考了……
首先让大家阅读并背诵全文。

通过官制、兵制、赋税改革，
少花钱的目标基本实现。
接下来，
李世民还要优化政府的人员构成，
减弱门阀对朝政的干预，
他决定完善隋朝以来的科举制。

地方官举荐
考核
授官

察举制

以考核的方式选官
起源于汉朝**察举制**，
先举荐后考核，才能授官。
但是**九品中正制**兴起后，
只看门第不再考核。
到南北朝后期，
考核的方法重新得到重视。

中正评选人才
授官

九品中正制

我是今年唯一报考的考生，吏部考试成绩也不错，您的测试我也通过了，请授予我官职。
最后再出一道压箱题，请给本书写个推荐语，现在，马上，now。
铲史官继《权力脸谱》《帝国征途》后又一全新力作，以改革人物为线索，串联起一部完整的中国通史，趣味而简洁的文字，靠谱有深度的历史，呆萌而有情怀的漫画，历史从未如此趣味而有营养……
佩服，不得不佩服！此真秀才，吾不及也！
隋朝·左仆射·杨素
中国第一秀才·杜正玄

隋朝开启**科举制**的雏形。
但是整个隋朝
只举行过四五次科考，
总共才录取 *12* 人。
而且考生需要地方官举荐，
才能获得考试资格，
授官时还会受到故意刁难。
隋朝科举更接近察举旧制。

622年（唐武德五年），
李渊颁诏：
士人可以自己投简历参加考试。
李世民上台后，
进士科、明经科定期开考，
考试方法成熟，
标志着科举制正式诞生，
社会阶层的壁垒逐渐被打破。

学好语文数理化，
世民给你打电话。
阶层壁垒
阶层壁垒
上升通道
科举

4
法律·宽仁慎刑

五脏都靠近背部，
扎错一针就会要人命。
鞭刑是很轻的刑罚，
但如果致人死命就说不过去了。
以后鞭刑不准打背部。
那打屁屁不会致死吧？
李世民
医生
近臣
二狗子针灸图

隋炀帝的法律非常严酷，
激化了社会矛盾。
唐朝建国后，
废除了隋朝的严刑酷法。
李世民上台后，
贞观君臣以宽仁慎刑的精神制定《贞观律》，
以缓和社会矛盾。

隋炀帝把生杀权下放州县，
导致死刑判决极其草率。
李世民要求大理寺严格复审案件，
严禁刑讯逼供，
死刑必须报皇帝核准 3 ~ 5 次，
力求减少、纠正冤假错案。

贞观六年十二月二十二日
朕放你们回去与家人团聚，
明年秋天再回来受刑，
你们能守信用吗？
炒鸡感动！
我们一定会回来的！
李世民

贞观七年九月
全都回来了！好！
朕特赦你们的死罪！

通过改革，唐朝在短时间内
以极小的代价实现了治世：
政治上用人唯贤、政通人和；
经济上恢复生产、藏富于民；
治安上刑狱很少、夜不闭户；
军事上平定了
东突厥、薛延陀、高昌、吐谷浑。

反杀。
李世民
啪！
颉利可汗

你的政绩不过捡了我的现成，
你在制度建设上并无建树。
说到底不过是一头站在风口上的猪。
我虽然没有发明过一种制度，
但很多制度在我手里得到完善，
变得很好使。
你留下的烂摊子
被我修理得熠熠生辉。
李世民
杨广

风口上的我？
哼哼~

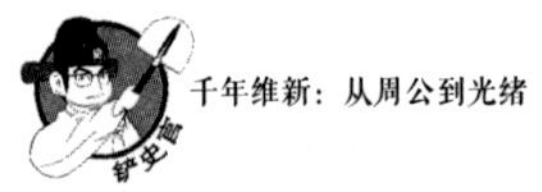

读者有话说

未央主人

不可否认，李唐王朝由贞观开始开启了开明政治，但它接的是隋朝的富庶底子，也可以说李世民要做的都是杨广最开始为他探索过的，只不过杨广那个时代中国的贵族地主阶层太强大，而李世民在延续打击贵族地主、扶植平民地主方面做得更好。秦汉是功勋地主的天下；到了魏晋时代开启九品中正制，开始士族地主的时代，关陇贵族独霸天下几百年；到了隋唐开科举制度后，中国才开启了平民地主的时代，武则天杀长孙无忌将中国政治彻底平民化之后才开启了后面的开元盛世。

深海里的精灵

对于释囚之事，欧阳修专门写过一篇《纵囚论》，在文章中对唐太宗纵囚一事做了详细分析。纵囚一事从表面上看展现了太宗的感召力，让死囚被感化，说明太宗的圣贤。但实际上，不要说罪恶滔天的小人，就是高尚的君子又有几人能将生死置之度外？唐太宗就是再有感召力，也不可能用这一小段的温馨，就让这些死囚改变本性。所以，唐太宗的这一做法就是沽名钓誉，为了圣贤之名而设的一个局。再说，唐太宗当时已经做了几年皇帝，如果真的具有无上的感召力，哪里又有那么多犯了滔天大罪的人。可以推想，要么囚徒有冤，要么太宗造假，要么就是唐政府对社会掌控力强大，囚徒担心牵连家小邻里，或者家小邻里担心被牵连。

吴昊

“政府行为看财政”，终唐一代即便是太宗和玄宗都没有系统地制定出稳定的财政政策，财政收入即便是盛世也没有达到隋文帝时期的水平。起初是应付一时的权宜之计，后来中央干脆直接甩锅交由地方自行解决。唐朝地方势力强大，藩镇割据严重，历史上独有，余波蔓延至五代十国时期，直到宋朝才完全解决。这不是没有原因的。

江山风雨情

太宗陛下确实是个有魄力的皇帝，敢用人也会用人，哪怕是魏征、薛万彻、薛万钧这些曾经是他对头的部下，只要是人才，太宗便敢任用，也正是因此，大唐才能有后来的辉煌。而且，早年的唐朝军方，老中青三代有机结合，加上横刀、陌刀等大杀器，打得四邻不得不拜服，只可惜太宗晚年喜欢上了丹药，导致最后的悲剧，可叹！另外，关于安史之乱，我借用一段以前看过的话：“《帝范》曾言，不可随意交出大权，分封藩王，到时候不论是亲王或是大臣，大则专都偶国，小则跨郡连州。末大则危，尾大难掉。”从中后期大肆分封节度使，赐他们军政大权开始，安史之乱的祸根便种下了。试想，朝廷无权节制地方，那些节度使还会听话？即使他们真的不反，但他们的部下呢？坐那个位置可是从龙之功。有几个敢说自己不动心？有野心、有机会、有实力的那些人自然会犯上作乱，只是苦了封常清、高仙芝、哥舒翰这些军人，也苦了郭老令公。只能说，开元后，李唐的皇帝基本上是猪队友加眼高手低之辈了。

编后语

安史之乱的伏笔：唐太宗的各项制度是如何被玩坏的？

唐朝初年，国家大政大体上沿用了前朝旧制。李世民上台后，在前人的基础上推陈出新，使各项制度变得完善成熟起来，也在国家治理上收到了良好的效果。因此，在中国制度史上，李世民虽然不是制度的开创者，却是承上启下的关键人物。

制度好坏的评判标准，要看它是否适应当时的国情。李世民确立的国家制度，随着时间的推移，经济、社会的发展，也逐渐走向败坏，最终不得不被废除，为其他的制度所取代。

唐朝的租庸调制、府兵制都建立在均田制的经济基础之上。国家把空余土地分给农民耕种，农民耕种国家的田地，向国家缴纳赋税、服徭役。如果被折冲府选拔为府兵，则要为国家服兵役，为此国家还减免部分赋税、徭役。

但是，均田制实施的关键，在于国家手中握有大量无主的空余荒地。北魏刚开始实施均田制时，北方中原久经战乱，地广人稀，所以每个农民被授得的土地相当可观，甚至连妇女、奴隶、耕牛都能授田，这正是北魏田多人少情况的真实写照。

到了唐朝，耕牛、奴隶、非守寡的妇女都已不在授田对象之列，普通男丁的授田面积也日益降低。而官吏、勋贵的授田份额却一直水涨船高，授田对象从实任官吏扩大至虚职散官，从高阶贵族扩大至低等官吏，甚至连僧尼、道士、工商业者都在授田之列。另外，从北魏到唐朝，国家对于土地买卖的限制也在逐渐放松。

唐代均田制的这些变化表明，一方面人口数量在不断增长，另一方面地主经济发展壮大，土地兼并也随之日益严重，国有土地通过各种方式不断地转化为私有土地。这就导致国家手中的无主荒地越来越少，授田对象却日益增多，最终造成国家无田可授。到武周末年，均田制已经形同虚设。

在均田制下，尽管农民授得的田地越来越少，但是唐初设立的租庸调定额却是恒定的，于是轻徭薄赋的初衷就成为泡影，农民肩上的负担就越来越重。再加上官僚机构日渐臃肿，各项用度日益奢靡，安史之乱爆发后军费飞涨，这些开支最终都要摊派到农民身上，导致杂税林立，租庸调制也名存实亡，农民终于不堪重负，大量逃亡。

农民大量逃亡，又导致户籍管理混乱，而详尽的户籍又是实施均田制的前提之一，于是均田制失去了有效执行的依据，最终走向末路。

到了唐德宗时代，宰相杨炎创立两税法，以取代不适用的均田制和租庸调制。两税法规定：

一、中央按照财政支出制定总税额，然后再将税额分摊到各地。

二、居民不论世居还是移民，一律编入现在所居住的州、县户籍，在所居住地纳税。

三、征税标准，以资产税取代丁户税，资产多的多纳，少的少纳。商人向经商所在州县纳税，税率为1/30。

四、一年分夏、秋两次缴纳，夏税纳税时间不超过6月，秋税不超过11月。

五、租、庸、调以及各项杂税全免，从征收实物改为主要征收货币。

两税法固然简洁明了，一段时期内减轻了农民负担，但与均田制相比，仅仅是国家向民众的单方面索取，缺少为民置产的精神。两税法允许土地自由买卖，加剧了土地兼并。两税法刚实行时通货膨胀，后来通货越来越紧缩，但征税定额却不变，从而加重了农民负担。

府兵制同样建立在均田制基础上，其核心精神在于利用军户的家庭经济自行养兵，从而减轻国家财政压力。如果军户的家庭经济拮据乃至破产，便无财力养兵，府兵制也就难以为继。

唐朝府兵制从高宗后期到武后时期，逐渐走向败坏。这一方面是因为唐朝边疆的战事时间越来越久，战线越来越长，导致府兵久戍不归，军户无法负担如此繁重的兵役。另一方面，由于均田制败坏，军户授得的土地越来越少，赋税却越来越重，家庭经济拮据，也无法供养府兵。

另外，唐初府兵社会地位较高，到武后时期，值戍京师的府兵经常被贵族官僚借为私家役使，导致社会上以充当府兵为耻。

到玄宗天宝八载（749），折冲府终于无兵可交，府兵制被募兵制所取代。募兵制招募的士兵长期服役，需要国家财政供养，而且与节度使形成从属关系，造成边镇拥兵自重，引发了安史之乱和藩镇割据，最终导致唐朝衰亡。

铲史官

王安石（上）

理财高手如何挽救大宋经济

肯定王安石变法的人，说法令本身是好的，只是执行走了样。但是一个执行会出问题的法令，到底是不是好法令？否定变法的人，似乎也有理。

铲史官

960年的那个冬天，
在陈桥驿，
喝醉的后周禁军将领赵匡胤
被下属们“抓”出来，
披上黄袍，当上皇帝。
以这样被动而含糊的方式，
宋朝在中国历史上正式亮了相。

万岁！
哎呀~！
宋·太祖·赵匡胤
赵匡义

吓我一跳~！
使不得，使不得！
陈桥外卖

糟糕，
是黄袍加身的感觉！

吸取五代十国军人政变的教训，
宋朝从立国之初便进行了精心的制度设计。
一是重文轻武，
把文化人拉入统治集团，
对武将严防死守，
以防止武将“COPY”赵匡胤。

跟我一起大声喊：
杯酒释兵权！
杯酒失兵权！
好！
你们要永远记住，
喝酒不开车。
开车不喝酒！
赵匡胤
禁军高级将领

哇哈哈哈哈，
随时可以快递给你一只送终鸡！

辽
燕京
边防军
边防军
中央精锐部队
边防军
东京
宋

宋朝的外部环境异常恶劣。
失去了燕云十六州的屏障，
首都开封时刻面临辽军入侵，
不得不驻留大量的中央军（禁军）。
军队采取“强干弱枝”的政策，
也为了防止地方军队做大，
重演藩镇割据混乱局面。

送终鸡？
问过我八十万禁军枪棒教头、
豹子头林冲没？

制度设计另一大特点是分权。
宰相只能管行政,财政权被剥离出去。
中央政府主要有三个平行部门,
直接对皇帝汇报,
任何一个官员都不可能独大,
对皇权造成威胁。

皇帝
三司
管财政,最高长官为三司使。
枢密院
管军事,最高长官为枢密使。
中书门下
管行政,最高长官为中书门下平章事,副职为参知政事,相当于副宰相。

护史官

分权的同时，
宋朝还实行官、职分离。
大量宗室、外戚、勋旧，
实施恩荫制，授予高官，
优加俸禄不给实职。
官僚机构庞大繁杂，
导致办事效率极为低下。

陛下，您要的取暖小熏笼，
得经尚书省、部、寺、局
一级级办手续，
最后您批准了才能制造。
我cao……
超烦的嘞。
叭!
赵匡胤

好郁闷，
可还要保持微笑。

大炮一响，爹妈白养。
看你们那穷酸样，
死了也怪可怜的。
这点钱，
是我大宋
的一片好心。
要记得
LOVE&PEACE哦！
明明是你们不行。
西夏军
宋军

宋朝军队和官员数量加速上升。
仁宗时期的官员
比宋初增加了 5 倍，
军队数量增加近 6 倍。
即便如此，
宋军在战场上依然显得
很“佛系”，
甚至让小国西夏常年欺负，
只好拿出大把钱买和平。

我大宋经济富庶，
朕却要破产了，怎么办？

宋·仁宗·赵祯

一桶天下

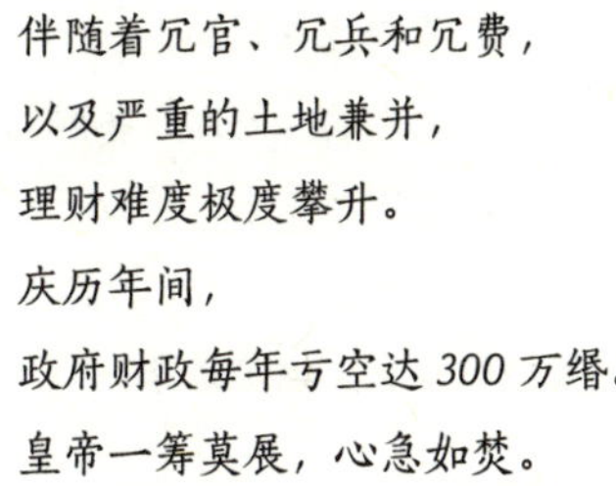

伴随着冗官、冗兵和冗费，
以及严重的土地兼并，
理财难度极度攀升。
庆历年间，
政府财政每年亏空达 300 万缗。
皇帝一筹莫展，心急如焚。

先天下之忧而忧，
后天下之乐而乐！

这声音，难道是
范范范范范范……

陛下，
来个新政怎么样？

宋·参知政事·范仲淹

为解决国家积贫积弱的问题，
范仲淹向仁宗上《答手诏条陈十事疏》。
庆历四年（1044），
范仲淹、富弼和韩琦等人，
实施新政，史称“庆历新政”。

史

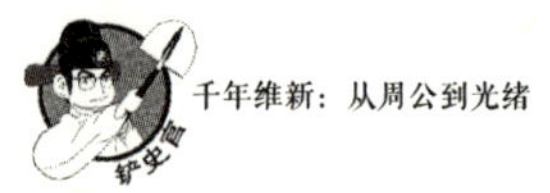
铲史官

范仲淹等人以整顿吏治为核心，
推出一系列改革措施。
既得利益者的“奶酪”被触动，
他们瞬间团结起来，予以反击。
新政仅一年多，
就功败垂成，惶惶落幕。

小猪佩奇身上纹，
谁能干过社会人。
既得利益者

我大宋要恢复汉唐雄风！

宋·神宗·赵顼
大宋号

1067 年，宋英宗驾崩。
他的长子赵顼（xū）当上皇帝，
改元熙宁，史称宋神宗。
20 岁的神宗血气方刚，生气勃勃，
决心铲除“三冗”积弊，
实现富国强兵的梦想。

我不出山！
王安石

在当太子时，
神宗看过王安石在1058年（嘉祐三年）
上疏仁宗皇帝的万言书，
知道他是潜伏已久的改革派，
便下诏调他入京做翰林学士。
但王安石迟迟不受命，
一些人推测这是在试探神宗的改革决心。

好的，我出山。
王安石
披着圣人外衣的大坏蛋！
外视朴野，中藏巧诈！
心胸狭窄，固执己见！
一根筋认死理！

王安石改革之初，
就受到来自各方的压力。
神宗邀请老改革派富弼出山，
富弼竟然说"愿二十年口不言兵"。
韩琦、吕诲等老臣，
纷纷以各种方式反对，
甚至不惜对王安石进行人身攻击。

这些老臣们为何会如此攻击王安石？

王安石外号"拗相公"，性格刚直，与同僚关系处得很僵。生活上不纳妾，不修边幅，毫无情趣。之前，皇帝多次征召他入京为官，他故意辞让，让一些士大夫们觉得他沽名钓誉，不像好人。

王安石
开源！
方案A
司马光
No！节流！
方案B
流你个头！
要把经济权力收起来！
方案A
滚！
藏富于民才是硬道理！
方案B
你再啰嗦我把你当缸给砸了！

王安石和司马光之前是好朋友，
经常诗文唱和。
可是，两人却对如何变法"水火不容"，
进行了著名的延和殿廷辩。
司马光坚持己见并辞职，
神宗挽留无果，
只得派他到洛阳编书。

大家要加油鸭！
有没有问题？
没问题！
No问题！
没problem！
曾布
章惇
吕惠卿
王安石

1069 年（熙宁二年），
王安石与富弼、唐介等组成新内阁。
唐介在忧心如焚中竟然死了。
神宗只得另建改革机构，
成立“**制置三司条例司**”，
把吕惠卿、章惇、曾布
等改革派调入中央。

我大宋积贫积弱，病得不轻！
臣要下猛药医治。
变风俗、立法度，
是当务之急！
王安石

1069 年（熙宁二年），
王安石被任命为参知政事（副宰相），
正式开启全面配套改革。
富国是改革的首要目的，
一揽子经济法令陆续出台，
其中影响最大的有
均输法、市易法、青苗法。

唔唔唔……
好棒鸭！
加油儿！
宋神宗

富国药方之一：均输法

变法首先从宫廷和衙门的用品开始，
由地方供奉改为官方采买。
之前设置了发运使，
负责征集运送南方的
柴、米、茶、盐等物资。
可发运使只是照令执行，
往往造成信息错位、供需脱节。

待这批装上船，
就可以返航了。
喵！
（这厮他喵得好快！）
宋速递
发运使

这招跟我学的吧？
由官员购买物品，
肯定有回扣，
还能指望节约开支？
桑弘羊
苏轼
王安石

均输原则是
“徙贵就贱，用近易远”，
汉武帝时期曾经推行。
新法赋予发运使了解
各地供需的权力，
决定采买物资的
品种、价格、时间、地点，
运回京城后也向市民出售。

变法前虽然供需经常脱节，
商人们却能根据市场需求灵活经营，
东京维持了当时最繁华的商业。
均输法实施后，
国家收入立竿见影地增长，
豪商大贾顿时就震惊了，
不敢轻举妄动。

什么？
不让中间商赚差价！

富国药方之二：市易法

什么？炊饼也滞销了？
回去怎么跟阿莲交代？

三年后的1072年
（熙宁五年），
商业流通领域再推市易法。
京城设置市易务，
收购滞销货物，
市场短缺时再卖出。
但市易务逐渐收购
并不滞销的生活用品，
百姓并没有享受到
物美价廉的好处。

市易务逐渐接管京城内外
各种物资的买卖，
水果、芝麻都被垄断起来。
商人只能从政府采买商品。
外地商人见都城就绕着走，
因为货物进来
会被押送到市易务。

市易法打击了
京师财团操纵物价、囤积居奇的行为。
可是这家批零兼营的国家百货总公司，
垄断范围过大，
城市商业秩序被彻底破坏，
连神宗都觉得有点过分了。

水果都要垄断销售，
是不是有点
马桶里面撑杆跳——过粪（分）？
盐和酒不也是
国家专卖？
千山万水总是情，
开放一点行不行？
王安石
宋神宗

为什么士大夫们都说花钱采购很不方便啊？

士大夫与宦官勾结，不能再勒索商户，利益受损而已。

免行钱收得太重，商户怨声载道，两宫太后都落泪了。

曹太后弟弟赊买树木不给钱，然后用宦官的名义诬告市易务……

“王安石”撤回了一条消息

市易法从京城向各地推广。
京城肉行的行首徐中正提出，
把官府摊派给商户的
供应物品和劳役，换算成钱。
市易务采纳建议，推行免行钱。
大臣权贵纷纷反对，
神宗态度摇摆。

哔——！
（敏感词消声）
没必要，
您几个这样儿真没必要。

富国药方之三：**青苗法**

对于人口基数最大的农户，
朝廷推出重磅改革炸弹——“**青苗法**”。
国家代替富户大贾，
在青黄不接时，按照财产等级，
向农民发放贷款、种粮，
并收取利息两分，
随夏秋两税归还。

手中有猫，卡里有钱，万事不慌。
归还利息请扫下方二维码
大宋农业发展银

两分的利息，
一年两次就是四分息，
似乎很高啊？

当时民间高利贷高至
六七分息，
相对较低了。

常平仓的做法最早是我开创的哦。
李悝

"青苗法"的本金来自**常平仓**。
常平仓是一项古老的公益事业，
丰收时收粮，防止谷贱伤农，
灾年时低价卖出，防止饥荒。
官府将常平仓的粮食折算为钱，
作为本金贷给农民，
由地主富农作担保。

歪，我的小宝贝儿在吗……
额……
不好意思说错了，贷款有需要吗？
别挂电话……
这真不是骚扰电话~
官府放贷小组

"青苗法"意在减少高利贷对农民的剥削，
抑制土地兼并增加财政收入。
但在实际执行中，
据前宰相韩琦反映，
官府为了把钱放出去，
出现了硬性摊派的情况。

对于小民小户们，借时容易还时难。
遇到水灾旱灾，官府催债抓人，
农民只好卖地卖儿。
更有甚者，将陈旧霉粮发给农户，
收回的却是新粮，
称秤时缺斤少两做手脚。

该还利息啦！
别跑！

Stop!

站住！

在经济创收的政策中，
争议较少的是农田水利法。
政府鼓励开垦废田，兴修水利。
对大型工程，
依据青苗法用国家贷款予以资助。
耕地面积增加，水利工程广为修建，
极大促进了农业生产。

一级棒！

你们真是我的小锦鲤啊！
我珍藏的小田田
也要征税了……
地主
宋神宗

针对田税不均的问题，
颁布方田均税法。
国家清丈全国土地，
按照土质好坏分为五等，
重新核实，作为征收田赋的依据，
以消除**“隐产漏税”**和
“产去税存”的弊端。

一系列创收政策出台后，
国库顿时丰收。
仅市易务的收入就相当于税收的三成，
青苗法所得的利息也十分惊人。
征缴上来的钱粮绸帛太多，
不得不新建52个大仓库。

人在江湖飘，全靠小钱包。
粮
粮

笑容渐渐有钱。

但是，负面影响很快呈现。
熙宁七年（1074年），
市易务的负责人吕嘉问，
被曝欺行霸市中饱私囊。
京城门监郑侠呈上《难民图》，
绘上他每日在城楼上见到的灾民惨状。
两宫太后及神宗目睹，
无不泪下。

求打赏……

555555，好可怜……
两宫太后
宋神宗

此时,
一场全国性的旱灾已经持续 8 个月,
熙宁变法已经进行到第 5 个年头,
各方对新法的反对声浪达到高潮。
王安石不得不辞去宰相,
回到江宁担任知府,
等待十个月后复出。

呼——!

成年人的生活当中,
没有容易二字。
讲完这集富国的事,
下集再来跟你讲讲
如何强兵。
——前宰相、
现江宁知府·王安石

读者有话说

斯已矣

盼星星盼月亮，总算盼到铲史官写荆公了。神宗时，北宋差不多已经到了不得不变的地步，当时的士大夫们又做了什么呢？神宗找韩琦商量变法，韩琦：陛下，我老了，要申请退休！神宗找欧阳修商量，欧阳修：皇上，你要亲贤臣远小人，贤臣吧啦吧啦吧啦，小人吧啦吧啦吧啦……神宗找富弼商量变法，富弼：皇上，您要注意隐藏自己，不要让底下人知道自己好恶……神宗找司马光商量变法，司马光：皇上，现在问题出现在……神宗：爱卿说的很有道理，那该怎么做呢？司马光：皇上，臣还有更重要的事要做，臣要写书，这任务是你爷爷仁宗皇帝留下的，臣不敢懈怠……于是，神宗找上了王安石。

王小二

王安石变法并不是完全没有试点，他任地方官时就试点过一些新政中的政策，都取得了良好的成效。变法固然是与民争利，但单看条文不论执行，这是典型的重农抑商政策——把商人口袋里的钱掏出来给国库和农民。而且蛋糕就这么大，国家财政已经岌岌可危，不变法，放任朝廷崩溃，靠人民扛着锄头去抵御辽夏金吗？到时候别说手里一粒蛋糕渣都不剩，命有没有都两说。王安石有错误，而且不少，刚愎自用、急功近利、用人不明，都没说错，但要说王安石是罪人，那些眼看船要沉了还抓着自己的细软不放，叉着腰哼着曲斜眼望天一副事不关己模样的家伙们，该当何罪呢？

雨打芭蕉

个人觉得北宋总是在走极端！为了防止武人作乱，就极端以文抑武，造成武人地位低下。因为意见分歧，王安石的改革派与司马光的守旧派完全不参考对方有价值的建议。其实只要大家能稍微相互妥协，可能就是另一个局面。

友嘚

大家都说王安石变法是与民争利，主要原因是剥夺了商贾富人的权利，导致“资本主义”被扼杀在摇篮。但是，为什么每个皇朝中期，财政都越来越困难？不就是利益集团以几何倍数增长，往上截流国库收入，往下加剧兼并盘剥吗？而这些商贾就是加剧财富分化的利益集团！用铲史官的话来说：“动利益比动灵魂还难！”

江南江北

个人感觉无论是不是与民争利，都不能解决根本问题，王安石的办法只不过是把百姓的钱集中到政府手中来，治标不治本，不能使蛋糕真正变大。使蛋糕变大只能靠发泡（发展科技生产力）和找别人要（发展对外贸易），但是这在当时千疮百孔的政治制度下根本是不可能的，这样的机会到了明代张居正之后才到来（然后他们又把机会放走了……）。

编后语

蛋糕，最终没有做大

从乱哄哄的五代十国，宋朝艰难地走出来，并通过南征北战站稳了脚跟。但在立国之初，这个王朝就面临两个非常严重且无法回避的问题。

一个是，如何避免皇权旁落。五代十国时期，各国的国祚都很短，且都是被军阀、权臣窃取，这种皇朝更替模式，几乎成了一个死循环。宋朝也是以黄袍加身的并不光明的方式，轻松夺取后周政权。殷鉴不远，保持国家内部稳定，赵家江山不失，是宋朝开国之初必须认真对待的大问题。

另一个是，如何抵御辽国、西夏、吐蕃等外敌，确保疆土不失、社稷永存。强大的辽国、积极进取的西夏是宋朝面临的两个最大外敌。特别是，辽国占据燕云十六州，使宋朝在战略上处在一个极为被动的地位，而贺兰山被西夏占据，使宋朝丢了优良军马的产地，导致宋军军力难以振作。可以说，宋朝所处的国际环境，很难让它轻松发展。

为稳定内部，防止武将成为能够左右朝政和皇权更替的军阀，宋朝与文臣合作，建立起复杂的官僚体系，一方面遏制武将势力做大，一方面遏制权臣的崛起。对外部，宋军通过赎买和贸易的方式，化解辽国威胁，并通过战争和赎买的方式，稳定住与西夏的战略均势。

冗兵、冗官、冗费，维护内外稳定付出的成本越来越高。伴随着严重的土地兼并、贫富悬殊，国家财政已经捉襟见肘，几乎难以为继。可以说，内外情势逼迫下，宋朝面临的最大问题，其实不是变不变法，而是如何变法。

王安石变法是在仁宗时期庆历新政基础上展开的。显然，从经济改革切入变法节奏，是汲取了“庆历新政”的失败教训。

其实新法皆非王安石的原创，就连创新的“青苗法”，也萌芽自唐代晚期。但是改革之初，新法就遭到司马光、吕诲、韩琦、富弼等朝中重臣的反对。这主要是因为王安石的经济变法思想，突出了与民争利，确切地说，走的是经济集权、国家资本主义的路线，很像是在模仿汉武帝的做派。而汉武帝强化中央集权，受到儒家士大夫们深入骨髓的痛恨。

王安石与司马光关于开源与节流的辩论，在经济思想史上很有意思，至今仍有现实意义。

如果把国民经济总量看作一个蛋糕，司马光认为蛋糕大小是固定的，改革就是解决如何分配的问题。政府多一点，民间就少一点。王安石的变法，就是与民争利。所以，司马光主张节流。

王安石的开源，意在做大蛋糕。首先，强化国家汲取财富的能力，夺取商人地主的蛋糕。所谓“民不益赋而国用饶”，在不加税的情况下，政府创收很快见到了奇效。

变法的另一个目的，是缩小贫富差距，普惠民众，最终做大蛋糕。但是，在实际执行中，政策走了样。比如影响面最广的青苗法，为了完成放贷的业绩，官府强迫贷款，还款时追债抓人。最初的常平仓、广惠仓本是公益事业，后来则变成了民怨沸腾的国家放贷银行。

均输法和市易法，本意是打击市场垄断，降低政府的采购成本。但是政府垄断范围越来越大，把汲取财富的手伸到了商业的各个领域，给了执行人员贪污腐败上下其手的空间。

地方豪强富户、富商大贾、皇亲国戚和一些与他们有千丝万缕关系的官僚，在经济利益上受到惨重损失。他们结成联盟，以各种方式予以反击。

变法到底效果如何，各地情况不一，说法不一。比如青苗法，前宰相韩琦在河北反映问题很大，但是神宗派下去的调查人员却反映执行很好。王安石在地方任职时，也曾小范围试验成功。

肯定王安石变法的人，说法令本身是好的，只是执行走了样。但是一个执行会出问题的法令，到底是不是好法令？否定变法的人，似乎也有理。

史实也是问题。《宋史》出了名的乱，《神宗实录》前后被修改三次，可信度低，真相扑朔迷离。诸多因素，让“王安石变法”成为历史上争议最大、谜团最多的改革，至今仍无定论。

变法的首要目的——创收，在短期内实现了；至于均贫富，则从来没有实现。蛋糕，最终没有做大。这引出另外一个问题，在农业社会土地有限的情况下，到底有没有做大蛋糕的可能？

解放生产力、做大蛋糕，在不损害既得利益者的情况下，实现增量改革，这样理想的改革方式，只有在近现代迈入工业社会，农民变成工人后，才能真正实现。

铲史官

王安石（下）

富国终未实现强兵

也许只有当事人才知道，一边妥协，一边变革；一边争论，一边团结，还要在短期内实现变法目的，应该是一件多么难的事。

燃烧吧！
铁血强宋！
王安石
宋神宗

神宗和王安石联手推行变法，
是要解决逼在眼前的内政困局，
但他们的抱负绝非仅限于此。
强兵，征战，获得军事强国地位，
才是他们更终极的目的。
在强兵上，王安石拿出四个药方。

强兵第一药方：**保甲法**

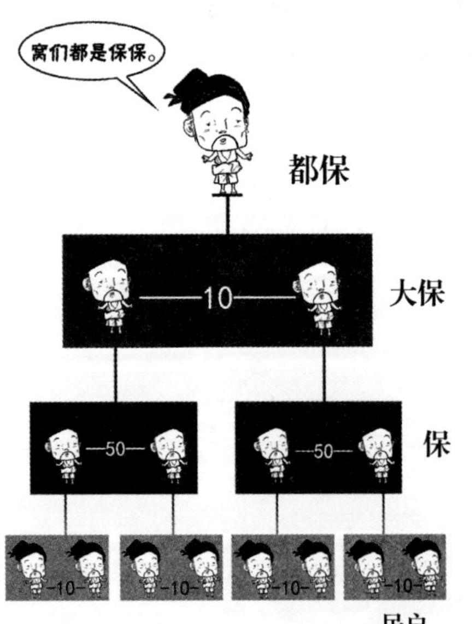
窝们都是保保。
都保
10
大保
50
50
保
10
10
10
10
民户

熙宁三年（1070年）十二月初九，
保甲法推出。
乡村民户十家为一保，
五十家为一大保，
十大保为一都保。
民户家有两丁以上者抽一丁为保丁，
定期轮流巡逻，维护乡村治安。

正所谓……

王安石

国家对保丁们进行半军事化管理，
农忙时种田，农闲时军训，
成为预备兵员。
保甲法既**节省军费**，
又**扩充了宋军规模**，
地方治安也得到维护，
似乎是一个三全其美的制度。

一石三鸟！

有战斗力造反怎么办？
没战斗力这不耽误农活吗？
反对派最佳辩手

但是，反对派也有理由：
让农民们参加军训，
这不耽误农活吗？
民兵能有战斗力吗？
再说农民有了武装，万一造反，
控制难度就大了，
这不是制造危险因素吗？

小爱提问

让农民一边干活，一边打仗，
这有点儿像唐朝的府兵制。
可是府兵制不是效率太低
被募兵制取代了吗？

农民当兵也不一定就不靠谱，
岳飞就是自学成才的河南农民。
清朝曾国藩的湘军，
招募的也是地方农民，
打起仗来远胜兵油子。

就问还有谁
比我更惨？！
叭——————！

陕西、河北、河东等地离禁军近，
保丁们还需参加两三个月的军训。
军训占据农活时间，又苦又累，
还要接受各种盘剥，
有保丁逃亡甚至自残躲避。

大王叫我来巡山，
我把人间转一转。
打起我的鼓，
敲起我的锣，
生活充满节奏感。
北宋·山贼·王路飞

保甲实行多年，
却从未被当作正规军使用。
1081年进攻西夏，
开封府和陕西选募保甲万人，
只担任守城、运输等杂役。
变法期间，地方治安维护得不错。
但是神宗末年，
各地盗贼蜂起，皆保甲为之。

强兵第二药方：免役法

保甲法推出 13 天后，
与之关联的免役法颁布，
以取代之前的差役法。
先前按照家产多少，将民户分为九等，
上四等人家要为国出力，
承担衙门的各种打杂事务。

我曾在郓城县县衙当文书！人称宋押司！
押司大多是招募的文书，也有差役派遣来的。
但是呢……
没有编制人家干个猫啊！
宋江

我一趟差到京城……
叭！
帮忙不算，还要兼具快递、保险公司……
叭！
来去一年都回不了家！还可能会破产！老子不干啊！
叭！

任务最重的差役是“衙前”，
收取粮油绸缎等纳税物资，
并负责看管运送。
运送官物，往往水陆转徙千里，
费用昂贵，一切自理。
若发生损失，还要赔偿。
中间被衙门克扣压榨，苦不堪言。

???
谁在叫我？
老子

宋朝的富豪家族、中举人家、
出家人、女户、单丁户等，
有差役豁免权。
密集的差役，
就落在了大宋主要劳动力——
中小地主三四等户身上。

恭喜，喜得猪一头，
变身中产阶级！
请跟我去服差役，
为国效力！

不好意思，
我也要去吗？

……

是我幻听了吗？
这世道，
什么奇幻的话都能讲，
猪开口有什么好奇的。

自古深情留不住，
唯有money得人心！

中间阶层堆积的不满和怨怼，
像一颗埋藏的定时炸弹。
有识之士纷纷上疏言其弊端。
宋仁宗时，
有地方官员搞起了
交钱免役的改革试点。
王安石则将这个政策向全国推广。

纳税助役，
人人有责。
圆通法师，
连你们也要缴助役钱啊。
善哉，善哉。

免役钱的征收对象，
从中间阶层扩展到上、下层。
进士官员、单丁女户、
僧侣道人，
一律视家产多少，
减半收取**“助役钱”**。
并且还要多收两成的钱，
以备战乱灾荒。

政府利用免役钱，雇用闲散人员当差，
好比现代社会公民纳税，
雇用公务员来管理国家。
差役的货币化、专业化，
有利于解放生产力，提高行政效率。
但是利益受损的特权阶层很愤怒，
尤其是读书人，
感觉伤自尊、毁三观。

我们士大夫，
生下来就是要做
风雅娱乐之事的。

读书人干体力活，
不是我们华夏
礼仪之邦的习俗。

苏轼

咕嘟咕嘟~~

史
那你为何要做东坡肉？

1071年（熙宁四年），
首都开封发生了一起群体性事件。
开封境内东明县上千农民，
先去开封府，又去御史台，
甚至冲进了宰相王安石的住宅。

我就不明白了，农忙季节你们为啥要群访？
你以为我们愿意啊？还不是因为免役法不公平，司农寺另设标准，给我们多算钱，我们无钱可交走投无路。
食宿路费也给我们报销一下。
去找你们的东明知县。
王安石
东明知县干啥吃的，怎能把问题都往上面推？这样的官员不合格啊……

王安石很生气，
免役法是他和神宗
研究两年才出的新法，
原以为可以造福底层百姓，
没想到执行还是出了问题。
当时货币经济不发达，
农民手头无钱，
只得卖房卖地卖粮，
陷入悲惨境地。

王安石

好生气，
我需要冷静一下！

为啥不能让农民选择交钱还是服役？
没钱的就不会欠债了。

你问到关键问题了。
差役法是和保甲法挂钩的。
不把农民从差役中解放出来，
就无法当保丁，
所以两法相继推出。
如果让农民自由选择，
保甲法就无法推行。

均输法，市易法，保马法，
都是我的原创，
是不是该交点儿版权费了？
汉武帝

失去了北方草原良马产地，
战马一直是宋朝军备的痛点。
政府的牧马监养马，
成本居高不下，且质量不高。
王安石借鉴汉武帝时期
民间养马政策，
推出了保马法。

你这匹小马，
我对你的感情，赛过亲儿子。
希望咱们能一起克服困难。
所以，就叫你
“马赛克”吧。
农夫

保甲法实施后，
改由保甲民户自愿养马，
免除部分赋税。
养马人要为马匹的生命安全负责。
但是中原地区养马不易，
流行病成为大问题。

5555，我的
马赛克啊……
马赛克之死

保马法降低了官府的养马开支，
马匹病死率也大为下降。
但是一旦马匹病疫死亡，
民户就要付出巨额赔偿，
一般小康之家会由此破产，
故而“人人以有马为祸”。

强兵第四药方：**军制**

宋初为消除武将造反的隐患，
采取了“**强干弱枝**”的军队政策。
人数最多、战斗力最强的中央军，
定期到地方驻防。
中央军的将领都是临时任命，
这就是著名的
“兵不知将，将不知兵”。

新领导叫啥来着？
宋军

宋朝还规定了
武将不得进入调兵的枢密院。
名将狄青征讨西夏立下战功，
皇帝任命他为枢密院长官，
遭到了文官集团的集体讨伐，
皇帝无奈将狄青撤职下放。

狄青

就这样狗带

以后我就是你们的常任将军。
听我指挥！
好好练兵！保卫大宋！
跟我一起喊：
铁血强宋！

1074 年，
王安石宣布废除
兵将分离的“更戍法”，
颁布将兵法。
把各路驻军分为若干单位，
每单位置将与副将各一人，
专门负责本单位军队的训练，
以提高军队素质。

除了经济、军事改革，
王安石希望一批
赞成变法、有务实能力的人才，
进入官僚系统。
为此，改革文教制度，
废除死背经典的明经等科，
进士科也不考诗赋，
另设武学、律学和医学。

Nice！
宋朝·士子·谢尔多

我大夏不是吓大的！
biubiu射你！
（宋军声音）
西夏军

变法让大宋腰包鼓起来，
对外腰杆也硬起来。
1072年，
神宗采纳王韶的《平戎策》。
王韶亲自挂帅，
收复河湟地区，
对西夏形成战略上的
夹击之势。

辽
西 夏
宋

厉害了，我的哥。
王安石
宋神宗

1072年，章惇荡平峒蛮之乱；
1074年，熊本平定泸夷叛乱；
1076年，郭逵攻入交趾国腹地。
神宗大喜，当众解下腰间名贵玉带，
系在了王安石的身上。

算了，算了，
王安石又不是缸，
没必要砸。
司马光

不过，一连串的军事胜利，
并没有让变法的日子好过。
青苗法、免役法、
均输法、市易法等，
政府虽然获利不少，
但伤害了既得利益者，
也使广大基层百姓很受伤。
朝堂上分裂出变法派与保守派，
党争愈演愈烈。

变法初期，
朝廷的大臣大多是保守派。
在神宗的强力支持下，
王安石将他们一一清扫出局。
孤独的王安石，
将真心拥护变法的大臣，
以及人品可疑的投机分子，
通通提拔成为变法主力。

快到缸……不，
碗里来……
王安石

可是变法派内部也产生了分裂。
王安石第二次入朝拜相后，
先是遭遇亲密战友吕惠卿反目，
后又与韩绛政见不合。
王安石的儿子急火攻心病发去世。
王安石伤心离京，
再也没有回来。

唉。

爱卿，
你看这青苗法、免役法
确实有点问题，
大家都反对。
这满朝文武就只有
你一个人是对的？
朝中大臣结党营私，
陛下怎么能够
不辨是非？
王安石
宋神宗

王安石霸道执拗的性格，
也让神宗忍无可忍。
随着变法的深入，
神宗对王安石由支持变成怀疑。
1076 年王安石二次罢相后，
神宗独自掌朝近 10 年。

唉。
宋神宗

王安石离开后，
神宗再次发动了对西夏的战争，
却遭到了惨败。
富国强兵的梦想，
到头来终成一场空。
神宗深受打击，
38 岁盛年郁郁而终。

安石先生在时，
为啥就能打赢西夏呢？
难道真的是
天变不足畏？
宋神宗

新法也不是全无好处，
比如免役和差役，各有利弊，
两害相权取其轻。
苏轼
我管他呢！
是新法就必须通通废除！
司马光

1085 年，
神宗的儿子、8 岁的哲宗继位，
朝政由神宗母亲高太后掌控。
司马光为首的保守派重回中央，
驱逐新党，尽废新法。
可是对新法的处理，
旧党内部也产生了分裂。

8年后，哲宗亲政，
重新启用新党，清算旧党，
北宋陷入你死我活的党争泥潭。
此时，北方的金人正在崛起，
丧钟已然敲响。
三十多年后，
靖康之变，北宋灭亡。

贵国真乱。
不过……
我喜欢。
金军

读者有话说

松寒溪源

荆国公的锅应该由那些党争的人来背。靖康之耻的发生不仅仅由宋朝的弊端引起，党争导致的各种不协调也是一个原因。宋朝在北缺将不假，但后期缺相就从宋仁宗开始了。变法可以延续宋朝在北方的三四十年，但解决不了内部的斗争。要想城池陷落，必须由内部开始崩塌。东亚文明的城池，往往从内部开始沦陷。还有，荆国公的变法有弊端，这点不可避免，学过改革史的都知道徽宗时期的蔡京就用这个来敛财。大宋，不是因为荆国公，而是因为它的积重难返而灭亡的。应当引以为戒啊！

阳夏木石

王安石改革企图跳出中国历史的治乱循环，就其改革的广度、深度，尤其是改革背后的理念而言，堪称中国古代改革的巅峰。但是，王安石只看到了祖宗之法的落后性，却没能体认到祖宗之法所发挥的维持君臣民权力（利）结构稳定的“宪法性”作用。尽管君贤臣明，但改革者的个人秉质、保守派的文化优势、技术手段的限制、军事压力的掣肘等，均导致社会治理的力不从心。王安石改革的成败是偶然性的，既可以在政治脉络中评价，也可以在其他脉络中审视。对于我们而言，这段“历史”只有与“未来”勾连起来，才是“当下”的历史。

流浪白羊

北宋政治家王安石被列宁誉为“中国十一世纪伟大的改革家”，其政治变法对北宋后期社会经济具有很深的影响，已具备近代变革的特点。只是变法过于激进，内容复杂，用人不当，造成错误。把复杂事情简单化是一种本事，张居正的“一条鞭”法就是很好的例子。

米兰的小菜农：*899*

北宋因为外部环境和内部体制到了积重难返的地步，改也是亡，不改也是亡，基本又是五十步和百步的问题。说实话，变法政策有利有弊，王安石个人性格优点缺陷明显，但是哪怕用现在的眼光去看当时，有没有完善的政策去实施？有没有具备完美人格的人去执行？怕也是无解吧。无论如何，敢于以家国天下为己任，敢于投身到改革的旋涡中，毁也好，誉也罢，我想王公并不真正在乎这些虚名。

PP

改革成功的案例少之又少，凡是成功的无一例外都进行了全面的社会经济政治的彻底变革，统治阶层内部需要有一个消化的过程。熙宁变法最终失败，还是因为统治阶级内部分歧太大。官官说得对，和商鞅不同，王安石过于执拗，操之过急，对局势的把控上差得太远。说到底，他是个好参谋，却不是个好统帅，神宗所托非人！这也说明在历史的关键时期，能出现一位卓越的政治家是何等幸运！

边妥协边变革，边争论边团结

熙宁变法之初，朝堂上充满了变革维新的氛围。大部分官员都属于变法的支持者。只是这些官员，如司马光、文彦博和苏轼等，他们要么希望在尊重“祖宗之法”的基础上变革，要么希望变法的节奏不要太快，对全面改革报以质疑的态度。当然，也有些人，如唐介、吕诲、苏洵等，反对变法由品性执拗、怪诞和不近人情的王安石主持。高层意见出现纷争，基层官员在执行新法时，出现各种乱象。

更让人唏嘘的是，为推行新法，得不到广泛支持的王安石，不得不起用大量迎合变法的官员。他们缺乏长期主政全局的经验和威望，有些人加入变法队伍，更是为了在政坛上走捷径，品行上很难没有瑕疵。一旦上位，难免和保守派或准保守派发生激烈冲突。

变法从最初的意见、路线和策略之争，逐渐演变成人事、权力和利益之争，宋朝陷入了党争的泥沼。而王安石在关键时刻，在内外压力下，缺乏策略性的变通和政治性的妥协，最终把中间派推到对立面，使变法陷入更大的被动境地。

变法最终走向失败，还有两个更关键的原因。一个是，变法以来，没有依据变法理念，彻底改革官僚考核、选拔等方面的体制。各级官吏借助新法，趁机以权谋私，最终把一些很重要的新政变成皇帝和官吏们瓜分民间财富的手段。另一个是，宋神宗与王安石在对变法路线、节奏和策略的选择上，存在很大分歧。变法节奏和路线不清晰，对变法的打击是致命的。

客观地讲，变法图新在短时期内壮大了国家实力，在对外、对内战争中，宋朝也因此取得不俗表现。一些新法，如方田均税法、农田水利法，对生产有积极促进作用。不过，其他一些新法，如青苗法、市易法、差役法、保甲法等，则从开始的毁誉参半，到最后沦为与民争利、打击经济的恶法。长期看，并没有提升宋朝的国力和军力，为北宋灭亡埋下隐患，令人扼腕叹息。

更让我们叹息的是，进入元祐年间，党派之争愈演愈烈。保守派反击新法，而后又出现新法反攻倒算。这种派别之争，对宋朝的政治氛围、行政管理、社会舆论等，造成巨大负面冲击，对北宋的灭亡影响深远。这大概是变法之初，无论如何也想不到的。而王安石和宋神宗以铁腕手段推行变法，经常被后世诟病为王安石性格存在大问题。但是，一个显著的客观事实是，当时，宋朝面对的是强敌环伺、内困积弱的局面，历史并没有给他们太多时间走渐进型道路。也许只有当事人才知道，一边妥协，一边变革；一边争论，一边团结，还要在短期内实现变法目的，是一件多么难的事。这让我们不能忍心苛求他们。

即便这次变法以失败告终，但并不代表王安石的经济思想和政治改革理念完全一无是处，比如，通过货币手段，汲取民间财富，弱化人身控制，释放生产潜力，对后世的变法革新启发意义很大，张居正的“一条鞭法”和雍正的“摊丁入亩”就是例子。

回望11世纪中叶那次变革，我们的祖先里，有一些心怀天下、励精图治、不任命运摆布的人，抛开个人得失，奋起图新，为华夏寻找一条光明而有尊严的路。时至今日，无论成败，他们都令我们敬仰。

铲史官

张居正

挽救明朝的最后改革

深语官场人情的张居正，找到了一个合适的入口，最大程度地保证了政令的顺畅执行。

古代的朝代到了中晚期，
都不可避免地面临相似的问题：
土地集中，官僚庞大，
财政困难，内忧外患……
北宋王安石的激进式改革失败后，
明朝又涌现出一位强有力的改革家，
几乎以一己之力为大明续命几十年。
他就是——大明内阁首辅张居正。

大明·内阁首辅·张居正
穿透450年的目光
星星之火，遂成燎原。
（张居正《答云南巡抚何莱山论夷情》）

yo yo~
污污污……
大明·秀才·张文明

1525年张居正出生于湖广江陵府
（今湖北荆州）一个读书人家庭，
其父张文明是个屡试不第的老秀才。
张居正在娘胎里待了12个月，
张文明在儿子出生前梦见白色乌龟，
于是就给孩子取名白圭。
（圭与龟同音，取美玉之意）

张白圭十二岁时
随父参加县学考试，
名列第一。
荆州知府李士翱惊叹不已，
召见了小白圭，
夸奖勉励一番后劝说
张文明给儿子改名，
从此张白圭就有了一个新的名字
——张居正。

大明小报
本篇记者：小明
嘉靖十五年
知府都震惊！你绝对没想到！
荆州府中考第一名居然只有十二岁！
大明·荆州知府·李士翱
!!
大明·秀才·张白圭

震惊！震惊，
天天震惊，
怎么不吓死你！
死标题党！

第二年张居正赴武昌参加乡试。
时任湖广巡抚的顾璘
一见张居正就以“国士”许之，
呼他为小友，
并解下犀带相赠。

小友~
突如其来的解犀带~
啪嗒！
你，你要做啥……
张居正

少年得志，壮年才尽，
不要让这个孩子太早中举。
!
大明·湖广巡抚·顾璘
哈哈想不到吧

不过，年少成名的张居正，
这一年却在乡试中落榜了。
有一种传说，
顾璘故意想让张居正受一点挫折。

16 岁的张居正终于乡试中举了。
这期间发生了一件事情：
张居正的爷爷
在荆州辽王府做护卫，
这辽王说起来还是
张居正的发小。
辽王顽劣好玩，
拉着张居正的爷爷喝酒，
喝得昏天黑地，他爷爷
被人抬回家不久就酒醉身亡。
张居正一家有苦难言，
无法去找辽王府说理。

…… ……
辽王府
张居正
你等着……
将来我捏爆你狗头的那天。

此事在刚成年的张居正心里留下多大的影响，后人无法揣测。
但多年后张居正当政，这位辽王被弹劾举报，废为庶人，软禁终身。

23岁那年，张居正考中进士，
进入了徐阶掌握下的翰林院，
后来又做了皇子裕王的讲官。
当时嘉靖皇帝沉迷炼丹修道，
首辅严嵩把持朝政，
国家内忧外患，一片混乱，
张居正老师徐阶
暗中积蓄力量欲扳倒严嵩。

嘉靖
严嵩
徐阶
张居正
呲啦……
暗中观察

嘉靖末年，严嵩倒台，
裕王（**隆庆帝**）登基。
徐阶、高拱先后担任首辅，
内阁仍然斗争激烈，
徐阶最终被隆庆帝的老师
高拱赶走。
张居正却在这期间内不断升迁，
隆庆六年（1572年）时已经官至
次辅大学士。

我送你离开
千里之外……
大明·内阁首辅·高拱
大明·内阁次辅·张居正
明中观察

1572年，隆庆皇帝驾崩，
留下孤儿小万历朱翊钧和
寡妇李太后。
蓄势待发的张居正看准时机
挺身而出，
联合司礼太监冯保
干掉了高拱，
成为新任首辅。

张居正

孝定皇太后

冯保

大明合伙人

张居正接手的大明王朝
此时已近200年，
各种问题都凸显出来，
官僚集团人浮于事，
土地集中农民破产，
社会矛盾突出，
财政濒临崩溃，
形势空前严峻。

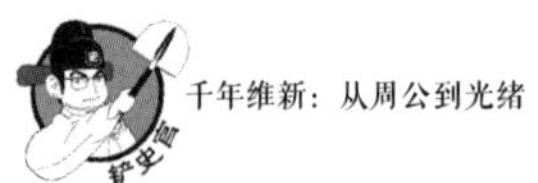

谁敢不听话，
绩效搞死他。

在官场上磨练多年的张居正，
面对这个不折不扣的烂摊子，
制定了一系列改革措施，
开启了为期十年的万历新政。
首先，针对贪腐成风、
人浮于事的官僚集团，
他拿出了第一个撒手锏：
考成法。

今天不开心没事，
反正明天也不会好过。
他们就不怕
下岗公务员闹事吗~
比如驿站驿卒啥的。
被裁官员
辣鸡箱
垃圾分類
從我做起

考成法的核心是
严格的时间表，
官员干什么活，
什么时候干完，
干到什么程度，
都严格标定，
干不好或者干不完
就会被炒鱿鱼。

大明·帝国HR·张居正

张居正这是把
旱涝保收的公务员
变成了公司合同制员工啊！
这个改革的压力得多大？

史
没错，阻力很大。
不过张居正很聪明，
他引用太祖朱元璋
签发的《大明会典》
中备案与核查的行政工作规则，
以“祖宗成法”的名义推行改革，
一下子堵住了悠悠众口。

我这不是改革，
只是执行太祖制定的
规章制度而已。
谁敢反对，
就是反对太祖！
张居正

铲史官

内阁
发送考核结果邮件
发送意见邮件
六科
发送考核结果邮件
发送绩效邮件
六部
绩效邮件抄送给内阁

中央六部所有工作登记，同时抄录两本，
一本给监察系统对应的六科，一本给内阁。
六科根据考成簿核查六部的工作，
提出奖惩意见。
六部向六科负责，六科向内阁负责。
内阁半年一小考，一年一大考。
内阁掌控行政与监察两大系统，
首辅拥有了宰相般的权力。

管住这帮言官的嘴，
理论问题不争论，
事情就好办多了。
张居正

注：据记载，万历九年（1581），中央裁减官员419人，地方裁减902人。张居正当政的十年，依据业绩被降职和提拔的官员更是无数。

原来专门负责提意见的监察部门，
现在有了具体的工作和考核标准，
没有时间打嘴炮给改革制造麻烦了。
中央部院效率高起来了，
地方自然也闲不住。
从中央到地方，
官僚体制改革顺序进行，
工作效率极大提高。

整顿吏治的同时，

还得面对另一个大难题：

钱。

彼时，国库空虚，财政赤字，

公务员工资都发不出来。

张居正开源节流，双管齐下。

在节流方面，从皇帝到底层公务员，

厉行节俭，

杜绝大吃大喝、浪费公款。

明朝·内阁首府·张居正
这段时间为了节约夜间灯火，皇上您的学习时间改到早上五点，辛苦了，也没吃上什么好的，就拿这个去吃点喜欢吃的东西吧。
荷包↓
哦～！
明朝·万历帝·朱翊钧

筷子↓
呃……

在开源方面，针对土地兼并严重，
大地主隐瞒、拖欠税收的情况，
张居正在万历四年（1576 年）
给官员下达收缴拖欠赋税的考核标准，
一下子把之前几年的税款追缴回来，
第二年朝廷财政情况便得到根本扭转，
府库充盈。

KPI 太高也不现实
你们不用把税
百分百地追回来。
张居正
追缴个百分之九十
就可以了。

老师对不起，
为了大局，
您家侵占的土地
也得清理出来。
前有海瑞、
后有张居正。
大明·前内阁首辅·徐阶
张居正
想不到吧
you'd never guess

1580 年（万历八年），
全国范围的土地普查开始。
经过两年的清丈田亩，
查出了一大批地主隐瞒土地。
当然，
张居正也得罪了一大批高官权贵。

在完成土地普查后，
1581 年（万历九年）
以此为依据，
张居正推行了——

一条鞭法。

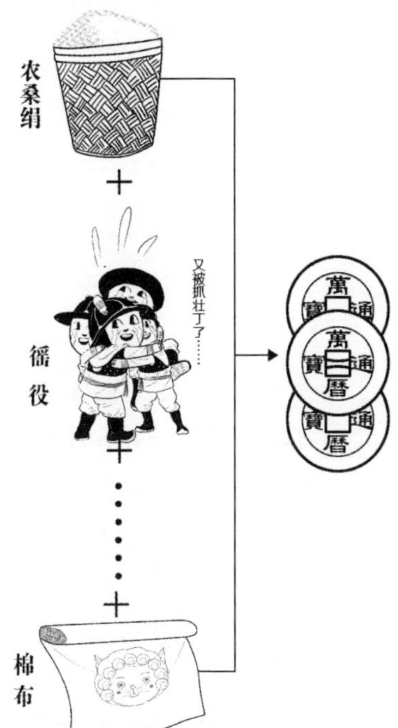
农桑绢
+
又被抓壮丁了……
徭役
+
……
+
棉布
萬曆通寶

之前朝廷赋税都是收粮、布等实物，
还有各种徭役摊派，
此后一律折成银两收缴，
减少物资浪费和存储成本，
减轻了百姓的负担。

这是中国历史上一次
具有划时代意义的财政改革，
货币的流通也促进了
商品经济的发展。
张居正死后新政大多被废除，
以银两缴税的方法保留下来，
影响至今。

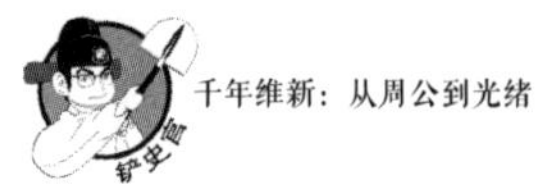
铲史官

水流得这么畅快，治理得不错嘛！
潘季驯
张居正
黄河壶口瀑布
水利工程检测船

国库有了钱，
张居正开始放手做事：
派水利专家潘季驯等治理了黄河，
又修缮了京杭大运河，
让南北交通更加便利。

服不服？

安完了内，张居正开始着手攘外。
名将戚继光、李成梁左右开弓，
打服了蒙古、女真。
随后在张居正的主持下
多段长城得到修复，
北方边境稳定了下来。
为了让戚继光展开手脚，
张居正多次换走他的上级。

张居正是一个实用主义者，
他推崇敢任事、有担当的循吏，
摒弃清廉守己但不会做事的清流。
前者如能打仗却贪污的殷正茂，
后者如大名鼎鼎的海瑞。
张居正始终没有起用海瑞。

退休的海瑞
退休了？请你喝椰汁压压惊。
海瑞侄子·海鹏

四目相对竟无言以对。

张大人不好了，你家来报，老太爷归西了！
不好！

正在张居正埋头苦干、
苦心经营时，
他迎来了一场
差点儿将他淹没的风波。

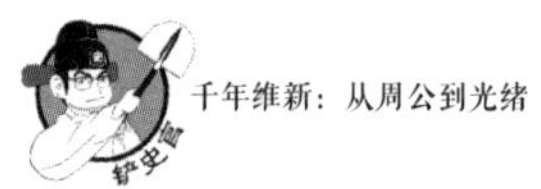

明朝以孝治天下，
官员丧父母必须回家守孝三年。
如果张居正回乡丁忧，
改革计划会被搁置，
之前的努力将前功尽弃，
张居正无比痛苦。
李太后和万历深知张居正
对他娘俩和江山有多么重要，
下令张居正夺情，
不必回家守制。

首辅首辅你别走，一走帝国乱如狗。
李太后
万历

首辅要守制！
首辅要守制！
首辅守制！
守制
首辅守制！
首辅要守制！
守！制！
守！制！

文官集团弹幕攻击

明朝士大夫忠君尽孝思想
根深蒂固，
不尽孝哪能尽忠？
满朝官员纷纷上折子
要求张居正回家守制，
一时，张居正几乎要
被口水和折子淹没。

这时万历母子出面了。
万历将多次上书要求张居正守制的几名官员处以廷杖，
并革职发配，
警告官员因此事上书者格杀勿论，
这场风波才平息下去。

啪！
啊！
啪！
啊！
午门
马赛克

午门竹板炒肉丝

这是一封张居正写给友人的信，
信中如是说：
天下事，非一手一足之力。
仆不顾破家沉族以徇公家之务，
而一时士大夫不肯为之分谤任怨，
以图共济，将奈何哉？
计独有力竭行之而死已矣。
其意为，你们这帮弱鸡不但不理解我
还拖我后腿。
见文如念

但是，
“夺情”风波也让张居正得罪了天下读书人，
从此陷入孤立无援的境地。
张居正在一封给友人的信中说出了他的苦闷。

铲史官

张居正扭转乾坤厥功至伟，
皇家自然要投桃报李。
张居正是明朝第一位生前
被授予太师称号的官员，
儿子被钦点为状元、榜眼，
荣誉、赏赐络绎不绝，
万历从不直呼其名。

元辅张先生好。
Hey man. What's up. yo~man~
万历
张居正
大明权力巅峰二人组

我得编好了，要不四五百年后铲史官翻出来会嘲笑我的。
张居正

身兼万历老师，
张居正对这位特殊学生的教育
可谓呕心沥血，
不但讲课还自己编教材。
他制作了一套《帝鉴图说》，
将古代皇帝做的好事坏事汇编成册，
并配有插图，
让万历能够轻松看懂其中的道理。

原来张居正是
明朝版铲史官！

噫~！

我对你这么好你要废我！
看来什么都好说，
唯独权力必须要是自己的。
等我当家做主要你们好看！
万历

张居正对小万历的管教甚严。
万历六年（1578年），
万历喝多了耍酒疯
打了几个太监宫女，
李太后雷霆震怒差点儿要废掉万历。
张居正出面说情，
并为他代写罪己诏才算了事。

痔疮不是病，
犯起来要人命！
——张居正
唔，
大人带病工作！
上疏

身为日理万机的首辅，
还要身兼万历老师，
张居正像一只上了发条的机器，
不知疲倦地工作，终于积劳成疾。
1582年（万历十年）六月二十日，
在动完一场痔疮手术没多久后，
张居正意外去世，
走完了57年的人生历程。

万历一方面给了他最高的哀荣，
一方面高兴终于摆脱了
束缚自己的大山。
同时，饱受张居正打击的权贵们
弹冠相庆，
准备向张居正留下的新政
发动新的攻击。

菊花
哈哈
哈哈
yeah!
万历

这天，紫禁城里到处是杠铃般的笑声。
而wuli万历笑得脸上的霾都爆表了。

紫金山
钟山风景名胜区欢迎您
yo，
又有人来种菜了。
明孝陵
冯保
诏狱
呜呼，
天道无知，似失好生之德，
人心难测，罔恤尽瘁之忠。
——张居正之子张敬修绝命书

张居正死后不久，
冯保也被撵到南京孝陵种菜。
在万历的默许下，
言官们弹劾张居正
专权自用贪污受贿，
万历立即派人查抄了张居正的家，
褫夺了他的一切荣誉，
张家家破人亡。

张居正的个人生活不算清廉，
也喜欢享受，
回乡葬父时曾坐过地方官为他特制的
三十二人抬大轿，威势显赫。
但是，万历查抄了张居正的整个家族，
仅仅搜出了白银十万两。
而万历的“大伴”冯保家中，
金银抄出了一百多万两。

报告陛下，张居正家里只抄出了白银十万两。
抄家数据库

监介了！
万历

哑铃般的笑声

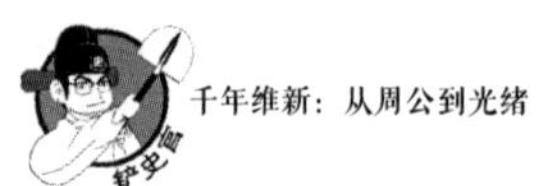

铲史官

万历朝鲜战争（1592—1598年）

萨尔浒
明

萨尔浒惨败（1619年，明万历四十七年）

万历新政随后被废止，
一场能最后挽救明朝的改革
就此人亡政息。
万历也不得不吞下自己酿造的苦果：
国家形势急转直下，
内忧外患纷至沓来。

万历的后人们面对土崩鱼烂的江山时，又想起了这位救时（拯救时弊）宰相。1622年，天启帝恢复张居正官荫，崇祯帝更是发出了

“板荡之后，而念老臣；播迁之余，而思耆俊”

的感叹，但已于事无补。

世间已无张居正！
说这些有啥用呢。
明朝·天启皇帝·朱由校
魏忠贤
嗞啦嗞啦

我在铲史官漫画里都上吊好几回了。
崇祯

万历去世后的第二十四年（1644年），崇祯上吊煤山，明朝灭亡。

读者有话说

Nightwish

我们都知道改革是最难的，因为要打破固有体系和触碰阶级利益，阻力之大可想而知，张居正很清楚，但他跟王安石不一样，不仅摆平了皇帝，更重要的是拉拢了执行层，在尽量不触碰他们利益的基础上推进改革，直接结果就是万历朝前期的中兴，对内扩充国库，发展生产；对外平定边疆。要不然以当时内忧外患的局面，朱翊钧就是亡国之君。可以说，张居正凭一己之力为明朝续命近百年！

要减肥的 P 先生

可能以你们史学的角度，“一条鞭”法充盈国库是善法，然而从经济学角度，“一条鞭”法可以算是为岌岌可危的大明王朝又送上了一条上吊的绳子。农民生产粮食却不生产白银，最终却要用白银缴税，不得不在收获之后卖粮以缴税，从此又多一层盘剥。

伟

张居正的思想超越他的年代太多，这在当时以儒家为基础的建设理论中很难得，他所推行的正是我们后代所做的——标准，制度标准，工作标准，法制标准。这是打破千百年儒家提倡的人治的划时代改革。

编后语

张居正的新政为何能获得成功

大明与北宋，面临相似的内外环境。

虽然收回了燕云十六州，但是退居草原的蒙古仍然构成巨大的边患，以至于朱棣干脆迁都北京，实行“天子守国门”。

内部环境方面，围绕集权与分权，两朝开国皇帝都在制度设计上颇费心机。朱元璋为了集权，干掉了宰相，自己亲自处理政事。后世子孙们无法忍受繁重的工作，慢慢演变成内阁票拟、太监批红的制衡制度。

张居正与王安石所处的时代，都是王朝的中晚期，面临相似的问题：土地集中，官僚庞大，财政困难，内忧外患。两人的改革措施，有相同也有相异之处。

王安石的改革是从经济入手，从市场流通与金融环节入手，加强政府的经济集权，取代市场功能。但是，因为官僚系统的问题，王安石的法令在执行中走了样。张居正汲取了王安石变法失败的经验，从人事制度改革入手。所谓政通人和，深谙官场人情的张居正，找到了一个合适的入口，最大程度地保证了政令的顺畅执行。

两代改革也有相似和继承之处，比如一条鞭法，与王安石的免行钱相似，都是将赋役换算成钱，大大减少征收成本。只是在古代市场经济与金融不发达的情况下，对于手中缺银的老百姓，如何找钱又成了一笔额外的负担。清丈土地，按照实际田地交税，减少土地兼并，这是一脉相承的法令。

相对于王安石的激进变法，张居正并没有在争议巨大的金融和市场交易方面改革，万历新政整体进行得比较顺畅。政府增收，民怨更少，为大明积累了后来抗日援朝的财富。可惜，张居正人亡政息，他的学生万历，将新政全部推翻，大明终于未能实现中兴。

大明的另外两位牛人王阳明、海瑞，与张居正的关系也颇有意思。

如果用一句话来概括三人，王阳明是“直造先天未画前”，海瑞是“九死无悔赤子心”，张居正则是“愿以深心奉尘刹”。

张居正出生的时候，正是王阳明晚景中的最后几年，两人之间有些幽微关联。

一是张居正的恩师徐阶是江右王门聂豹的弟子，而聂豹又是王阳明的私淑弟子，换句话说，张居正是王阳明的曾徒孙；二是张居正隐诛了何心隐，何心隐是泰州王门的再传弟子。

同是王门中人，张居正不讲学，甚至毁书院就算了，为什么要杀人？

道不同。

张居正针对世人说他“不悦学”的指责，在《答宪长周友山讲学》一信中辩解说：“今人妄谓孤不喜讲学者，实为大诬。孤今所以上佐明主，何有一语一事背于尧舜周孔之道？但孤所以皆欲身体力行，以是虚谈者无容耳。”

张居正的辩解有三层意思：一是大家都说我不喜欢讲学，其实误解了；二是我辅助小皇帝，没有一句话一件事违背过儒家的宗旨；三是我在脚踏实地干活，而那群键盘侠（虚谈者）却来黑我。

三层意思层层递进，最后直指讲学家们是“虚谈者”。张居正所要表达的，正是“空谈误国，实干兴邦”。

到这里，我们会发现一个漏洞，张居正说他并没有违背儒家的宗旨，那么，毁书院、禁止讲学，儒家的至圣先师——周公、孔子会同意吗？

张居正认为，即便是孔子复生，也必然会如此立教，让世人在自己的职守以内去学，而不要“舍其本事，别开一门以为学”。意思是说，你是农民，就把地种好；是商人，就把生意做好；是士兵，就把仗打好，千万别像那帮讲学者，整天想着扫天下，却一屋都不肯扫。

在张居正看来，明朝万历这个时代与孔子所处的春秋乱世大不相同。孔子提倡回到三代，如果在明朝还这么说，就是俗儒了。规章制度，一定要适应时代的发展。

很显然，张居正真正承接的是荀子的“法后王”，这并非孔子本人的主张，而且接近法家了。

张居正试图区分“迹”与“道”。他学孔子，并没有去学孔子的具体主张（迹），而是试图掌握其背后流动的“道”。张居正秉政之际，土地兼并严重，国匮民穷，此时此刻，让老百姓有饭吃，就是人间大道！

故而，张居正不惜“夺情”。或许于他而言，丁忧只是“迹”，虽说持守可以保全声名，但为了心中的“道”，愿以深心奉尘刹。

对于张居正夺情之事，朝堂议论纷纷，连他的学生都上疏表示反对，而敢于骂皇帝的海瑞却保持了沉默，当时有人冒充海瑞写了篇声讨张居正夺情的檄文，张居正给海瑞写信说，我知道不是你写的——

“我张居正知道不是海瑞你写的，你也应该知道我不用你的苦心了吧。尽管我们都是真正的政治理想主义者，但你对自己设定的底线比我要高。你白衣上座，一尘不染，而我躬身沧浪，水清濯我缨，水浊濯我足。”

铲史官

光绪帝

热血青年与他的激进变法

4 岁时进了宫，在姨妈慈禧太后的威严管教下长大。年轻的光绪帝，为了这场变法，付出了生命的代价。

铲史官

1895年初，
甲午战争进入最后阶段，
北洋水师在威海卫全军覆没，
清朝陆军在辽东遭遇溃败。
清廷不得不委派李鸿章赴日和谈。

1895年，威海港——
轰——！
定远舰

啊……！
居然被东夷给……
妈的！无法接受！
诶？老师你怎么说脏话了？
屁！这个时候还管这个！

翁同龢
光绪帝

震惊二人组

堂堂天朝上国居然败于蕞尔小邦，
24岁的年轻皇帝光绪，
是一个聪明俊秀血气方刚的上进BOY，
一时深受打击难以接受。
此前，
他与老师翁同龢是坚定的主战派。

光绪 4 岁时进宫做了皇帝，
在姨妈慈禧太后的
威严管教下长大。
从小长于深宫，
对世界大势并不了解。
18 岁大婚后，
慈禧名义上归政于他，
但他手中并无实权。

你的权力，和压岁钱一起交给我保管，长大后就还给你……
诶？我才不信……
慈禧太后
叭！
光绪

霸气外露

上书签名算我一个！
清朝举人
战败！
耻辱！
幕尔
大清药丸！

日方提出割让台湾和辽东半岛，
赔款 2 亿两白银。
消息传回，朝野哗然，群情激愤。
官员联名上奏反对议和，
入京参加会试的举人们，
形成了声势浩大的上书运动，
史称“**公车上书**”。

注：汉朝察举的士人入京接受考核，由公家车接送，故而“公车”成为举人的代称。

这次上书运动中，
广东举人康有为、梁启超
也组织了 80 余名举人联名上书，
但是他们的上书还没有送达都察院，
《**马关条约**》就已签署，
所以只好作罢。

诶？凉了？
康有为
梁启超

小爱提问
公车上书难道不是康、梁牵头的吗？
难道不是因为都察院
顽固派官员的阻挠
而没有呈交光绪帝吗？

康梁上书的联名举人只有80多名，
人数并不像他们说的那么多。
当时反对议和的声音几乎一边倒，
并不存在顽固派阻挠。

“公车上书”未能阻止《马关条约》签订，却开启了民间议政的风气，各种社团蜂拥而起。当时朝野形成了一种共识：**单纯学习西方科技并不能挽救国运，制度改革势在必行。**

颐和园德和园戏楼
我泱泱大清连小日本都打不过，
看来不变是不行啊。
是啊，
昨天荣禄也这么说。
唉。这个事先不说，
那个……
压岁钱什么时候还给我？
……
入相
出将
慈禧
光绪

谁让你签丧权辱国的
《马关条约》来着？
康有为
梁启超

呃……
李鸿章
银

康梁组织的强学会风头一时无二，赞助人包括翁同龢与地方大员张之洞等。翁同龢在户部拨了预算钱与印书机，工部尚书找了房子做会址。李鸿章欲赞助 *2000* 银圆，遭到拒绝。

据我考证，
孔子在两千年前就提出过制度改革，
孔子是改革的祖师爷。
康有为

38岁的康有为，
在科场摸爬滚打多年后，
这一年终于高中第二甲第46名进士，
成为一名六品小京官——工部主事。
为了给变法寻找合理性，
他写出了惊世骇俗的
《新学伪经考》《孔子改制考》。

噢，真的吗？
孔子

不听不听，王八念经。
大清牌降噪耳机
张之洞
旧学为体，
新学为用。

康有为对儒家的这一套解释，
并未得到士大夫们的认可。
以湖广总督张之洞、
湖南巡抚陈宝箴
为首的地方官维新派，
与康、梁在野维新派发生了
严重分歧，
随即分道扬镳。

時局圖
SIBERIA
一目了然
不言而喻
再不变法，大清药丸。
变法乃吾素志。
凡所实行之新政，
但不违背祖宗大法，
无损满洲权势，
即不阻止，儿可自为之。
慈禧
光绪

三年后的 *1898* 年春，
德国借口教案，强占胶州湾，
英法俄等纷纷划定势力范围，
跟着提出租借要求，
中国面临瓜分危机。
27 岁的光绪再也坐不住了，
再次向慈禧提出变法。

慈禧
再见了，大清的栋梁。

恭亲王

1分钟前 删除

♡ 慈禧 光绪
光绪：封疆大吏中，张之洞比较懂变法。
慈禧回复光绪：那就请他入京吧。
光绪回复慈禧：谨遵皇爸爸教诲！

这一年 5 月，
通洋务的恭亲王病逝，
朝中无人可主持变法大局。
慈禧虽退居颐和园，
但仍然掌控军政大事。
光绪隔三差五就前往颐和园请示汇报。

变法有风险，入京须谨慎。
一来有雾霾，二来房价高。
张之洞

张之洞入京途经上海时，
湖北沙市发生了船帮
烧毁日本领事住宅事件，
清廷只好令张之洞回湖北办案。
张之洞保举下属
杨锐、刘光第入京参与变法，
而他自己则在湖北遥控指挥。

注：张之洞入京未遂的幕后原因，是光绪帝的老师翁同龢从中阻挠。翁虽然也支持变法，但是不想让张之洞进入中枢。

糟糕，是心动的感觉！
光绪

地方官维新派无法主持变法，
光绪就只能依赖康党在野维新派了。
此前，光绪已读过康有为的著作。
康有为多次上书，
阐述变法主张，获得光绪高度认可。

1898 年 6 月 10 日，
光绪帝令翁同龢起草《**定国是诏**》，
送慈禧批准后，于次日颁布，
维新变法由此开始。
初期变法内容主要集中在
文教、经济、军事等方面。

文教改革	开办京师大学堂，各地设立中小学堂，兼习中西学科； 废除八股，改考策论，开考经济特科； 设立译书局，派遣留学生，遣送皇族出国游历； 奖励科学著作和发明，保荐科技人才。
经济改革	设铁路矿务总局、农工商总局，保护农、工、商业发展，倡办实业； 允许八旗经商，令其自谋生计。
军事改革	裁撤绿营，举办民兵，改习洋操； 奖励兴造枪炮； 筹设武备大学堂，武科改试枪炮。
政治改革	裁汰冗官，准许官民上书言事，允许民间创立报馆。

要开议院！

要定宪法！

中国以君权治天下，
办事效率就是高，
何需议院？

欧洲变法300年而强，
日本30年而强！

只要皇上一声令下，
中国只需3年就能成功！

维新派原本倡导学习
日本明治维新，
但新政内容却没有涉及
开议院、定宪法等关键内容，
因为康有为认为中国民智未开，
而光绪帝英明神武，
所以变法初期必须乾纲独断。

康有为
维新派

6 月 16 日，颐和园仁寿殿，
光绪召见了康有为。
这次唯一的召见，
从清晨五点到七点，
谈了两个小时。
随后，
光绪帝任命康有为
“章京上行走”（五品），
升入总理各国事务衙门。

小变不如大变，
缓变不如急变。
我也等不及了。
跪着回答你两小时了，
我腿快废了。
我屁股也坐麻了。
光绪
康有为

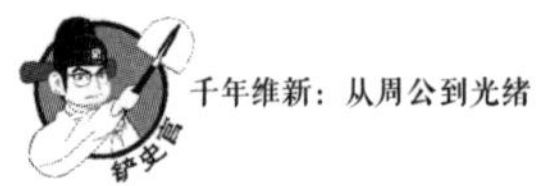

别忙了，今天就不变法了。
诶？

随着变法深入，势必涉及人事问题。
帝党想要挤进中枢，触动了后党利益，
帝后矛盾随之激化。
很多原本主张变法的官员也转变立场，
成为保守的后党。

有我在，老佛爷放心吧！
荣禄

慈禧授权光绪变法，
也做了应对的准备。
6月15日，将翁同龢开缺回籍，
让帝党失去了首席“护法”。
随后，
将亲信荣禄提升为直隶总督，
统领京畿各军。

史
光绪主要有三件事
惹怒了慈禧太后……

一、罢免礼部六堂官

9月1日，
礼部堂官许应骙
阻挠维新派官员上奏。
4日，光绪未经慈禧允许，
将怀塔布、许应骙等
礼部六堂官革职。
但怀塔布是慈禧的亲戚，
其妻向太后哭诉。

抢不到火车票的时候，不哭！
还信用卡的时候，不哭！
没钱的时候，不哭！
可是，老公下岗了，我哭！
恳请老佛爷临朝训政，
让皇上收回成命！
唉。
怀塔布之妻
慈禧

一團和氣
哼！
哼！
哼！
哼！
林旭
谭嗣同
刘光第
杨锐

5日，
光绪提拔维新派谭嗣同、
刘光第、杨锐、林旭
为军机章京（四品），
进入中枢，负责变法。
这四个人中，谭嗣同、林旭是康党，
而刘光第、杨锐是张之洞的人。

二、请开懋勤殿

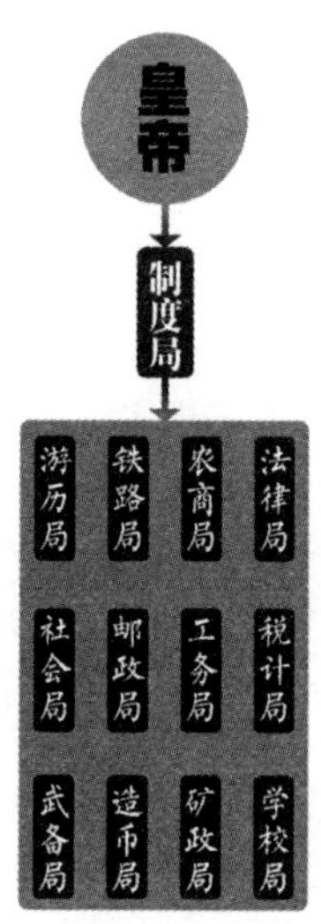
皇帝
制度局
游历局
铁路局
农商局
法律局
社会局
邮政局
工务局
税计局
武备局
造币局
矿政局
学校局

康有为在《应诏统筹全局折》中，
是这样设计制度的：
在中央设立制度局，由皇帝主持，
由维新派充任，总揽新政决策权，
制度局之下分设十二专局，各司其职。

架 空

康氏制度设计的实质，
是让维新派执掌中枢大权，
全面架空军机处、总理衙门、六部、
各省督抚等原有权力机构，
最后乃至于架空皇帝，
搞英国式虚君共和。

9月13日，
光绪帝向慈禧请求开懋勤殿，
遭到怒斥。
懋勤殿其实是制度局的翻版，
只不过清朝有开懋勤殿先例。
然而其架空旧班子的企图被慈禧看穿，
导致帝后矛盾升级。

注：懋（mào）勤殿位于乾清宫建筑群的西南，原本是康熙帝的书房。

光绪
不如将老谬昏庸之辈尽行罢黜，而用通达英勇之人，开懋勤殿令其议政。
小心皇位不保！
慈禧

看穿你噜~

「朕一旦痛切降旨，将旧法尽变而尽黜此辈昏庸之人，则朕之权力实有未足。果使如此，则朕位且不能保，何况其他？」
朕位不能保？
这就是传说中的衣带诏啊！
皇上明明是虚拟语气，
康圣人小说看多了吧？
杨锐
康有为
書詔

光绪帝遭训斥后，
给了杨锐一封密诏，
要求他找出一个既能继续变法
又不违逆太后旨意的折中方案。
但是康有为见到密诏后，
却理解成光绪帝即将被废，
要求维新派勤王。

三、搞中外合邦

此时，
日本前首相伊藤博文游历京师，
康党打算请他来主持变法大局。
另外，
康党还接受了英国传教士李提摩太
的中美英日合邦方案，
并奏请光绪批准。

马关吞并台湾之时，
中堂大人曾说我甚急，
观此刻大清改革，
有过之而无不及。
伊藤博文

中、美、英、日
合并成一个国家，
这也太离谱了吧？

李提摩太的合邦方案，
暗藏瓜分中国的阴谋。
康党政治上的naive，
由此可见一斑。

9 月 16 日，
光绪召见在天津训练新军的
袁世凯，
予以提拔，
但光绪无意武力夺权。
18 日，
谭嗣同夜访袁世凯，
说皇上请他带兵包围
颐和园，
杀死太后。

皇上下衣带诏要你勤王，包围颐和园，干掉老妖妇，你做不做？
谭嗣同
效忠皇上没二话。
但我的兵在天津小站，跑到京师来勤王，容易泄密。
袁世凯
不如在天津阅兵时做。

师傅，
麻烦再快一点，
我赶时间。
慈禧

全体加速！
西安门
我，老佛爷，
又杀回来了。

18日，御史杨崇伊上奏慈禧，称康党引荐任用日本人，要将国家拱手让人，恳请太后训政。

次日，慈禧突然从颐和园返回大内，光绪帝从即日起迁居瀛台。

注：此时光绪帝只是失权，并未遭软禁。瀛台是紫禁城以西的一个湖心岛，有一座桥连接湖岸。

谢袁弟！
我荣禄这辈子
没说过一个谢字！
不要……客气。

20 日，袁世凯回到天津，
听闻京师剧变，
为求自保，将勤王计划向荣禄告密。
慈禧收到荣禄密报后，软禁光绪帝，
宣布戒严，下诏训政，并废除新政，
搜捕维新派。

瀛台——

杨锐，
你是怎么传达的圣谕？

朕恨你！

光绪

至此，
为期 103 天的维新变法宣告结束。
维新派中，
康有为接到光绪信件提前离京，
梁启超逃入日本使馆，
谭嗣同、杨锐、林旭、
刘光第、杨深秀、康广仁 6 人，
于 28 日被处斩。

慈禧发动戊戌政变，
难道不是因为袁世凯告密吗？

慈禧发动政变的导火索，
是杨崇伊上奏。
之后才有袁世凯告密，
但袁的告密却使政变演化为
流血事件。

袁世凯是否有实力
帮助光绪夺权呢？

袁世凯仅有7000人的新式陆军，
荣禄手下还有甘军、毅军、
旗军等大部队，
袁就是有心，也无实力，
何况他是荣禄一手提拔起来的。
侥幸得手，
也会很快被其他军队剿灭。

再见了，
大清。
大清药丸

年轻的光绪帝，
从此开始了他的幽禁岁月，
直到 1908 年慈禧驾崩的前一天，
被砒霜下毒失去生命，
终年 37 岁。

各国变法无不从流血而成，
今日中国未闻有因变法而流血者，
此国之所以不昌也。
有之，
请自嗣同始。
戊戌六君子
康广仁（1867—1898）
林旭（1875—1898）
谭嗣同（1865—1898）
杨锐（1857—1898）
刘光第（1859—1898）
杨深秀（1849—1898）

清末立宪新政怎样成为压死骆驼的最后一根稻草？

1900年，义和团运动兴起，八国联军侵华战争爆发，慈禧太后携光绪帝仓皇“西狩”。事后，清廷与列强签订了丧权辱国的《辛丑条约》。面对内忧外患，清廷感觉到统治根基动摇，再度倾向于变法。1901年，慈禧太后宣布实行新政。

1905年，清廷派出五大臣出洋考察。五大臣回国后，上书指出立宪有三大利：“一曰皇位永固，二曰外患渐轻，三曰内乱可弭”，建议清廷设置一定预备期限，以施行君主立宪制。于是，清廷在1906年9月颁布《仿行立宪上谕》。

1905年的日俄战争，给清廷上下以极大震动，朝野普遍将这场战争的胜负与政体联系在一起，认为日本以立宪而胜，俄国以专制而败。此后，关于立宪的讨论遍及全国，各地纷纷建立立宪公会，鼓吹实行君主立宪政体。当时的立宪派，以各地士绅、商人为主。

与此同时，革命派的力量也开始集结，成立了同盟会。立宪派随即与革命派开展了激烈论战，立宪派认为，暴力革命只会导致巨大灾难，得不偿失。他们相信，只要人民要求立宪，清廷“终必出于让步之一途”，就能以最小的代价实现从君主专制到君主立宪的转型。

清廷颁布《仿行立宪上谕》后，国内绅商一片欢腾。但是，随之而来的官制改革，却使人们对清廷是否真准备立宪大起疑心。这是因为，清廷裁定中央新官制只有少数部门被裁并，多数部门毫发无伤，最多只是改名，一贯由满臣掌管的部门更是全部得以保留。

官制改革的后果，导致坚决反对革命的立宪派也直斥其为“伪改革”。1907 年初，梁启超在《新民丛报》发表《现政府与革命党》一文，更是承认：“革命党者，以扑灭现政府为目的者也。而现政府者，制造革命党之一大工场也。”

1908 年 8 月，清廷颁布《钦定宪法大纲》，基本上是照搬皇权至上的日本明治宪法，但相比于明治宪法，《钦定宪法大纲》规定的君权更加扩大，民权更加缩小。另外，清廷还计划以 9 年为预备立宪期限，逐步训练民众的参政议政能力。但是清政府的实际立宪步骤一拖再拖，导致最温和的立宪派都指其为“伪立宪”。

从 1907 年起，立宪派发起和平请愿运动，提出速开国会、颁布宪法、缩短预备立宪期限等诉求。在请愿运动高潮中，梁启超组织的政闻社致电清廷宪政编查馆，提出限期 3 年召开国会的主张。不久，清廷突然下旨查禁政闻社、拿办梁启超。但事实上，梁启超一直与革命派论战，坚决反对推翻清朝，极力为清廷辩护，主张自上而下的内部变革，最后却被清廷当作“悖逆要犯”加以“严拿惩办”。

1908 年 7 月，清廷颁布《各省咨议局章程》《咨议局议员选举章程》，规定第二年举行地方咨议局和中央资政院选举。11 月，光绪帝、慈禧太后相继去世，宣统帝继位，载沣摄政。1909 年，各省咨议局选举。1910 年，资政院举行第一次开院礼。

咨议局既是地方政府的咨询机构，又具有一定的立法权和监督地方行政、财政的权力，可对督抚的违法行为向资政院控告。但正是这个机构却为立宪派提供了难得的政治舞台。

资政院开院前后，国会请愿运动也进入最高潮，直隶、山西、河南、四川、福建等省先后出现数千人集会，在声势浩大的请愿运动压力下，清廷宣布缩短预备立宪期限为 5 年，国会开设之前先设责任内阁。

然而，面对轰轰烈烈的立宪派请愿运动与革命党起义活动，满清权贵唯恐大权旁落，反而倒行逆施，将权力高度垄断在自己手里。1911 年 5 月 8 日，清廷利令智昏地成立了“皇族内阁”。这个内阁由 13 人组成，其中 9 名为满人，汉人只有 4 名；而在这 9 名满人中竟有 7 名为皇族成员。

“皇族内阁”无异于向世人宣示，所谓立宪不过是个幌子，清廷其实根本不愿放弃权力。内阁成立后，下令将已归商办的川汉、粤汉铁路收归国有。这一政策严重损害绅商的利益。于是，立宪派立即领导群众开展保路运动。这意味着作为晚清统治基础的绅商阶层最终转向了革命，清王朝的末日也就指日可待。

清末新政固然直接导致了清王朝的覆亡，但其实也不无积极意义，比如咨议局的开设，是政治近代化过程中地方民主的初步尝试。新政中影响最为深远的政策，无疑是废除了维持千年的科举制度。

后记

2018年，改革开放四十周年了。

四十年前，一位老人用他朴素的“黑猫白猫”论，摸着石头过河，开启了伟大的改革开放，最终改变了中国的面貌。

关于改革开放四十年的历史，相关的资料和报道已经汗牛充栋。可是，为何会出现这样的改革？到底是什么力量推动了历史的变革与发展？

这改革背后的历史逻辑，让我很着迷。

有一天，我突然想到，为何不挖掘一下中国历史上改革家的故事呢？上下五千年，这样的改革瞬间还有很多，更不乏精彩的改革人物。他们的故事串接起来，不就是一部完整的中国历史吗？

在传统的历史叙事中，帝王将相与王朝更替构成了中国古代历史的叙述逻辑，然而从制度改革的角度来讲述历史演变的，并不多见，尤其缺乏面向大众读者的通俗读本。现有的书籍多是直接讲述制度史，缺乏鲜活的人物和精彩的故事穿针引线。那么，能否以改革人物为线索，用符合新媒体阅读习惯的简洁文字，配以铲史官擅长的二次元漫画，让读者快速了解千年维新的改革历史，并轻松理解历史背后的演变逻辑呢？

从这个角度入手，我尝试梳理出一个较为完整清晰的人物链条，欣喜地发现，每一次重大的制度变革背后，都站着一位伟大的改革推手。但是，制度是由条条款款构成的，任何一个细微条款的变化，其实都蕴含着错综复杂的背景，牵涉到各方的利益变迁。按照铲史官一贯的篇幅，通过刻画一个改革人物，用两三千字的文字和三十多张漫画来演绎复杂的制度变革，真不是一件轻松的事情。

像周厉王、吴起、晁错这样的人物，因为有焦点故事，改革的矛盾比较集中，叙述起来，顺藤摸瓜，相对简单，但更多的人物涉及一整套国家政治、经济制度的变革，比如周公、汉武帝、王莽、唐太宗、王安石等，难度就大大增加。单是叙述枯燥的制度，就已经占了很大篇幅，前因后果讲清楚都不容易，完全没有篇幅来讲人物和故事。可是，光阐述制度，不就做成一个漫画版的百度百科了吗？必须要讲究叙述逻辑，有画龙点睛式的分析。

怎么串起这些制度改革的线索，铲史官团队绞尽脑汁，反复讨论。比如汉武帝，最终从他怎样抓权的角度入手，来讲述西汉中央集权制度的演变，从他怎么找钱，来讲述经济制度的改革。而唐太宗，则聚焦到他的贞观之治为何伟大，以及制度设计怎样能让政府和社会高效运转。

本书主笔胡难，热爱阅读古代典章制度的志、书，但对用漫画脚本讲述枯燥的制度变革，仍然感到很头疼，因为这比单纯描述人物事迹要困难得多。最令胡难犯难的是曹操这一期。选官制度从两汉察举制转变为魏晋九品中正制，是一个十分复杂的过程。曹操沿用了东汉品评人物的旧形式，但选官精神却绝然不同，属于旧瓶装新酒；然而曹丕又用曹操的旧瓶，再装一次新酒；到司马氏上台，酒的味道又有了新变化，个中原委异常复杂，涉及的人物也很多。

为了使枯燥的制度生动起来，还必须凸显人物形象。为此，胡难选取了曹操这个人物，因为曹操是决定新旧制度变革的关键人物，后来的曹丕和司马懿把曹操的好制度给玩坏了。用人物来串接制度变革，便于读者理解，也与全书格调吻合。然而，漫画脚本打磨的过程十分痛苦，数易其稿，初稿重在概述制度，第二、三稿再对人物形象进行润色，然后才能交付画手。

一篇文稿，从找线索到撰写修改、细节打磨，平均耗时一个月，还不算绘图时间。有些难度较大的稿子，改了一遍又一遍，甚至推倒重写。我记忆最深刻的，是王安石。

王安石变法是中国古代最复杂的改革。首先，史实不清，资料受限，《宋史》很乱，《神宗实录》前后被修改三次，可信度低。由于争议太大，王安石变法是一个可以让夫妻反目、朋友圈分裂的话题，也是学界的著名大坑。我提前几个月，约了河南某高校经济贸易系主任王文剑老师来写。他正在积极推动所在学校的改革，对改革题材深有感触，对我也是诸多鼓励。于是我就顺势把这个艰巨的任务交给了他。

一个月，两个月，三个月过去了，稿子迟迟未交，每次催问，都说还在看资料、做笔记，整理线索。好不容易稿子出来了，我反复修改，动了大手术，直至面目全非。王老师对王安石动了情，写作时常常忍不住真情流露，在理性与感性之间平衡拿捏，就像一个走钢丝的杂技演员。

王安石变法在铲史官公众号发布后，有读者评论，是读到的最客观的王安石文章。有一个读者评论说："小时候上历史课，觉得王安石的点子都很棒，历史书上却不分析变法推行不下去的原因。以至于让我觉得，只要坚持变法，大宋就能长久。"

读到这样的评论，我的内心还是有些小小的感动和满足。铲史官不是研究型的学者，能力有限，这个系列还有诸多不足和遗憾之处。但是，能够客观、靠谱地做一点历史普及工作，多角度、深层次地挖掘一些教科书上未能呈现的内容，这就是我们最简单的愿望和目标。

铲史官的另一个重要特色，是高度还原历史细节的趣味漫画。漫画师朱彦是个理科生，对他来说，画改革史真是一次很刺激的挑战。日常使用的插科打诨表情包式的漫画，已经不够用了，还需要把很抽象的制度具象化，变成简单易懂的图片展示给读者看。

比如在开篇《周公》中，便碰到了一个千古概念：井田制。虽然文字已经足够表达它的意思，但是没有一个具体的形象，还是无法很直观地传达给读者。朱彦把它画成了一个被隔开的九块田地，画完一看，这不就是现在微信朋友圈里经常用的九宫格图片吗？每一张图片代表一块田地，中间的田地是公田，四周八块是私田。图片和图片之间的空白间隔，真的组成了一个“井”字！他瞬间明白古人为什么要给这个制度取名“井田制”，也瞬间明白了汉字的奥义，可以传达千里之外上千年前的人与事。

而其后的诸如“封建制”、“管仲陷阱”、“郡县制”、“推恩令”、“均输法”、“保甲法”、“一条鞭法”，均画成了具体的图像。而这一串名词，不就构成了一部中华文明改革史吗？ 画完这个系列，朱彦说他对中国改革有了一个全新的记忆与感悟，理解了历史演变的逻辑。我不知道读者会不会有这样的感受，起码铲史官团队，有了收获和成长。

这个系列陆续在公众号发布后，留言多且精彩，本书挂一漏万，精选了部分评论，以飨读者。曹操和光绪两期，因打算留在书中首发，故暂时没有留言。原计划的雍正一期，因为时间所限未能呈现，特此致歉，以后有机会一定补上。感谢一路相伴的读者，你们的创意已成为铲史官内容特色的一部分，你们的鼓励是激发铲史官创作的力量源泉！

做完这个系列，回望几千年的改革历史，我深切地感受到，每一次改革背后，潜藏着多少险流暗礁，需要克服多大的不确定性。改革并不意味着必然成功，失败的改革，比成功的改革要多得多。而我们何其幸运，生逢并目睹着这样一个不断变革的时代。

谨以此书，致敬改革开放四十周年，致敬那些为华夏寻找光明而有尊严之路的改革先驱。

铲史官总策划 邓玲玲